강서구
꼬마 탐험가들의
숲
이야기

강서구 꼬마 탐험가들의 숲 이야기

발행일   2024년 3월 25일

지은이   김지선
펴낸이   손형국
펴낸곳   (주)북랩
편집인   선일영   편집   김은수, 배진용, 김부경, 김다빈
디자인   이현수, 김민하, 임진형, 안유경   제작   박기성, 구성우, 이창영, 배상진
마케팅   김회란, 박진관
출판등록   2004. 12. 1(제2012-000051호.)
주소   서울특별시 금천구 가산디지털 1로 168, 우림라이온스밸리 B동 B113~115호, C동 B101호
홈페이지   www.book.co.kr
전화번호   (02)2026-5777   팩스   (02)3159-9637

ISBN   979-11-7224-019-6 03370 (종이책)   979-11-7224-020-2 05370 (전자책)

(주)북랩 성공출판의 파트너

북랩 홈페이지와 패밀리 사이트에서 다양한 출판 솔루션을 만나 보세요!

홈페이지 book.co.kr   •   **블로그** blog.naver.com/essaybook   •   **출판문의** book@book.co.kr

작가 연락처 문의 ▸ ask.book.co.kr

작가 연락처는 개인정보이므로 북랩에서 알려드릴 수 없습니다.

---- 신원 어린이들의 숲 이야기 ----

강서구
꼬마 탐험가들의
숲
이야기

김지선 지음

아이들이 발을 내딛는 모든 숲이 놀이터가 되어 준다면 어떨까?
교사의 손을 잡고 사계절과 함께 무럭무럭 나아가는 어린이들의 자연 친화적인 이야기

북랩

프롤로그

♬♪♩ 산하고 하늘하고 누가누가 더 푸른가~ ♪♪♬

숲에서 만나는 소리는 마음을 편안하게 해 줍니다. 아이들은 소리치고 놀면서도 숲에서 나는 작은 새소리와 바람 소리에도 신기하게 귀를 기울이는 모습과 누군가 가르쳐 주지 않아도 스스로 생각하며 끊임없이 오감을 통해 탐색하는 시간을 만들어 갑니다.

아이들이 평소에 할 수 없었던 행동도 할 수 있는 숲이기에 땅에 무작정 앉아 보기도 하고, 마음껏 뛰다가 넘어지기도 하지만, 유아의 능력을 믿고 스스로 일어날 때까지 기다려 주고 격려해 주면서, 아이들에게 스스로 해결할 수 있는 자신감을 갖게 해 주기도 합니다.

코로나19로 인해 2년이 넘는 기간 동안 친구들과 야외에 나간 적이 없었던 아이들이라, 숲은 더없이 많은 것들을 충족시켜 주고 맘껏 뛰놀며 호기심을 충족시켜 줄 수 있는, 아이들에게 숨 쉬는 놀이터가 되어 준 것 같습니다.

"벌써 가요? 다음에는 더 많이 놀아요."
아쉬워하는 모습이 왜 그리 귀여운지….

그래서, 숲을 즐길 줄 아는 아이들을 위해 매달 아이들이 보고, 느끼고, 체험한 것 중 아쉬워하는 부분을 채워 줄 수 있는 곳을 찾아 견학 장소를 결정하는 것 같습니다.

아이들에게 영감을 줄 수 있는 곳,

새로운 기회의 경험을 소개하는 곳,

자연을 자유롭게 탐색할 수 있도록 자유로운 시간을 주는 곳,

말보다는 아이들의 손이 먼저 움직이게 하는 곳!

날아다니는 나비를 보면 손을 먼저 내밀어 만지고 싶어 하지만, 손으로 잡을 수 없음에 아쉬워하고, 개미를 보면 자연스레 앉아서 개미의 활동을 살펴보다가 개미를 손에 올려 보기도 하는 호기심 많은 아이들입니다. 토끼를 구경할 때에는 토끼들은 아기라서 놀라면 안 된다고 "쉿." 하며 관찰하는 모습과 예쁜 꽃을 보며 좋아서 이곳저곳 신나게 뛰어다니는 모습이 참 예뻤던, 코로나19가 끝나 갈 무렵 시간들을 모아 책 안에 담아 보았습니다.

차례

4장 추운 겨울 숲아, 내가 친구가 되어 줄게!

1장

숲에서
봄을 만나다

봄의 이야기

♫ 봄봄봄봄 봄이 왔어요!
우리들 마음속에도~ ♪

명지바람(보드랍고 화창한 바람)이 코끝을 스치며 봄뜻(봄이 오는 기운)을 알려 주네요.
우리 친구들과 봄뜻에 맞춰 숲을 만나러 산으로 갑니다. 봄의 산을 알아 가기에 얼었던 흙이 풀리려고 하는 초봄 무렵, 잔풀나기(어린 풀이 싹 트는 봄철)들의 움직임이 봄의 왈츠를 보는 듯합니다.

첫 만남의 숲은 아이들에게 자연의 숲보다는 공간의 숲으로, 급식이 아닌 서로 다른 간식을 밖에서 먹는다는 즐거움으로 시작이 된 것 같습니다.
"선생님, 밖에서 먹는 간식이 너무 맛있어요."
"선생님, 다음에 밥 먹고 더 놀면 안 돼요?"
"선생님, 다음에는 동물들 많은 데 가면 안 돼요?"
"선생님, 나무가 목이 마른가 봐요. 물을 나눠 먹어야겠어요."라며 나뭇잎이 무성하지 않은 나무에 보리차 물을 나누어 주는 모습, 호기심 가득한 아이들의 즐거웠던 재잘거림이 노래처럼 느껴졌던 모습을 보면서 경험과 체험의 기회를 더 많이 제공해 주어야겠다는 생각을 가져 보았습니다.

넓은 들판에서 비눗방울을 날리며 집 앞에 이런 곳이 있었으면 좋겠다고 이야기하는 여섯 살 형님들! 사슴, 토끼 등 만나는 동물마다 "사랑해~"라고 사랑을 표현하는 자연을 닮은 듯한 우리 하늘반 친구들을 보면 왜 자꾸 데리고 나가고 싶은지…. 원장님을 바쁘게 만드는 마법을 갖고 있나 봅니다.

최고 형님 반인 일곱 살 반 형님들~

냇물 소리에 노래가 흥얼 나오고, 냇가에 발을 담그고 싶다며 다음엔 다시 와 냇물에 발 담그며 놀겠다는 의지도 보여 주고, 꽃사슴, 토끼 등 귀여운 동물 친구들을 만나 좋아하기도 했지만, 만나기 전 사육장 근처에 나는 냄새에 대해 심각하게 이야기하는 모습에 "향긋한데!"라며 아이들과 이야기하는 지구반 선생님의 센스 있는 표현에 많이 웃어 보기도 하고, 꼭 사슴을 보고 싶다는 체력 약한 우리 다섯 살 친구들이 사슴을 보기 위해서는 멀리 가야 함을 듣고도 "힘낼 거예요!"라며 뛰어 올라가는 친구들의 뒷모습이 귀엽기도 하고, 나비를 보러 들어갔을 때는 "와~" 하며 감탄사를 연발하는 모습이 함께하는 선생님들을 웃게 하는 것 같았습니다.

숲에서 맞이하는 봄은 길지 않은 것 같아요. 숲에서 봄을 느끼고 알아 갈 때쯤 벌써 여름이 다가왔음을 느껴 본 6월의 숲이었습니다. 나무도 무성해진 만큼 아이들의 생각도 커져 7세 반 형님들은 지난번 숲에서의 아쉬움을 설계도에 담아 자연물로 자기 생각을 만들어 갔고, 동생들은 숲의 변화에 신기해하면서 놀이에 깊이가 생겨 단기적인 놀이보다는 확장해서 놀이를 만들어 가는 모습이 대견했던 시간이었습니다.

아이들의 숲 체험을 위해 교사는 놀이에는 관여하지 않지만, 늘 연구하고 평가하며 아이들의 놀이가 확장해 갈 수 있도록 도와주는 지원자로서의 면모를 갖춘 신원 선생님들에게 감사한 계절이었습니다.

봄 숲의 특징

1 **신선하고 생기 넘치는 색감**: 봄에는 나무와 식물들이 싹트고 꽃이 피어나기 시작합니다. 이로 인해 숲은 푸른 색상과 다채로운 꽃들로 가득 차며, 신선하고 활기찬 분위기를 띱니다.

2 **동물과 조류의 번식 활동**: 봄은 동물들이 번식하는 시기로, 숲에서는 새끼 동물들이 태어나는 모습을 볼 수 있습니다. 새들은 노래를 부르며 번식을 위해 먼 거리를 날아다니기도 합니다.

3 **새로운 생명의 탄생**: 봄은 새로운 생명이 시작되는 시기입니다. 나무들은 싹을 트며 새싹이 나타나고, 꽃들은 피어나며 과일이 열리기 시작합니다. 이로 인해 숲은 활기차고 화려한 모습을 보여 줍니다.

4 **따뜻한 날씨와 좋은 기운**: 겨울의 추운 날씨가 사라지고 봄은 따뜻한 날씨와 함께 찾아옵니다. 따뜻한 햇빛과 상쾌한 바람은 사람들에게 좋은 기운을 전해 주며, 숲에서 산책이나 피크닉을 즐기기에 안성맞춤입니다.

봄의 숲은 자연의 아름다움과 생명력이 가득한 시기로, 많은 사람들에게 힐링과 평화를 선사합니다. 숲에서 봄을 느껴 보는 것은 특별한 경험이 될 것입니다.

강서구 꼬마 탐험가들의 숲 이야기

강서구 꼬마 탐험가들의 숲 이야기

4살 아이들이 숲에서 만난 봄

봄을 찾아 떠난 친구들의 이야기
초록초록한 우장산 숲에 설레는 마음으로 봄을 만나러 가는 아이들,
신나는 마음으로 도착한 숲을 둘러보며 봄을 찾는다.
훨훨 나비, 작은 개미, 윙윙 꿀벌을 보며 "안녕." 인사를 건넨다.
"숲에서 봄을 찾아보자." 하며 신나게 언덕길을 오르며,
이리저리 둘러보고 알록달록 꽃을 찾는다.

"꽃아, 안녕~ 여기는 분홍색 꽃이네? 잘 자라라."
이야기하는 아이들의 모습에 교사는 미소가 지어진다.
내 얼굴이 그려진 봄옷 액자판을 알록달록 꽃 위에 올리며,
"나는 노란색 옷을 입었어!", "나는 분홍, 하얀 옷을 입었어!" 이야기한다.
꽃뿐만 아니라 흙, 초록 나뭇잎. 떨어진 낙엽에도 올리며 다양한 봄의 색을 찾는다.
목이 마른 아이들이 물을 먹다 무언가 떠오르는지 "나무도 목마르지? 내가 물 줄게!" 하며 너도나도 목마른 나무와 꽃에게 사랑스러운 말을 건넨다.

수북이 쌓인 낙엽을 밟아 보는 아이들,
바스락거리는 소리에 웃음 지으며 신나게 달려 본다.
낙엽을 하늘 높이 날리기도 하고, 머리에 올리기도 한다.
"선생님, 이거 있어!"라고 말하며 선생님의 손을 잡고 앉아 보여 준 것은 작은 도토리와 밤송이였다.
작고 동그란 도토리가 신기한지 데굴데굴 굴려 보며, 떨어진 도토리가 더 없는지 땅을 유심히 관찰하며 걷는다.
"여기 개미도 있어!"
땅을 보며 걷다 또 다른 숲의 친구를 발견했다.
자기보다 더 큰 먹이를 끌고 가는 개미의 모습에 아이들은 "힘내라! 힘내라!" 하며 개미를 응원한다.

숲과 헤어져야 할 시간 아이들은 숲에서 본 친구들에게 인사를 건넨다.

"개미야, 안녕! 나무야, 안녕! 꽃아, 안녕, 다음에 또 보자!"
다음에 보게 될 숲의 새로운 모습을 기대하는 아이들이다.

봄의 색깔을 찾아보아요! 숲에는 뭐가 있을까?

숲을 관찰하며 채집한 자연물을 종이 위에 올려 본다.
그 옆에 친구가 흙 한 주먹을 종이 위에 뿌리며 문지른다.
"선생님, 이거 보세요. 동그라미요."
라며 손가락으로 끼적여 본다.
너도나도 종이 위에 흙을 올려 그림을 끼적여 보는 아이들이다.

숲을 탐색하며 수북이 쌓인 낙엽들을 밟는다.
바스락바스락 소리를 느껴 보며 그 위를 달리는 아이들이다.
"선생님, 이거 이불 같아요. 덮어 줄게요."
낙엽을 한가득 모아 내 몸을 덮는다.
"너도 여기 누워."라며 낙엽 침대를 만든다.

아이들과 봄의 색을 찾아보며,
"이거 봐~ 나는 초록색 옷 입었다."
"나는 분홍색 옷이야!"
"선생님! 이거 봐요. 나무 옷을 입었어요."
꽃과 나무, 풀에 액자 판을 대 보며 여러 가지 봄의 색을 관찰한다.
"저기 예쁜 꽃 있다!" 하고 말하며 알록달록한 봄의 꽃을 발견하고는
신나게 달려간다.
"선생님, 내 옷이 제일 예쁘죠?" 하고 활짝 웃으며 내가 발견한
봄의 색을 보여 주는 아이들이다.

숲에 다녀온 이야기를 나누는 모습이 보여
숲에서 채집한 자연물을 나누어 주었다.
낙엽을 만지며
"숲에서 우리 개미도 보았지요?" 하며
낙엽으로 머리카락을 표현해 본다.
아이들의 창의력이 올라간다.

숲 체험의 확장
숲에서 볼 수 있었던 다양한 자연물

숲 체험을 다녀와 숲에서 보았던 자연물과 곤충에 대해 이야기하며 "어? 개미다! 산에서 봤는데 여기에도 있네!" 곤충에 관심을 가진다.

숲에서 채집한 솔방울, 나뭇가지, 낙엽으로 내가 좋아하는 곤충의 모양을 만들어 본다.

아이들은 곤충의 사진을 보고 다양한 자연물을 이용하여 곤충의 더듬이, 머리, 다리 등을 표현한다.

곤충에 대한 흥미가 높아진 아이들 모습에 봄 소풍 장소를 생태박물관으로 정하였다.

아이들은 생태박물관에서 직접 보고 싶어 하던 다양한 곤충들을 눈으로 관찰하고 만져 보기도 하며, 적극적으로 탐색하는 모습을 보인다.

그 외에 숲에서 보았던 자연물에 관심을 가지는 아이들.

알록달록 점토를 나뭇가지에 붙여 보기도 하고, 낙엽으로 머리카락을 표현해 보며 다양한 미술놀이를 즐긴다.

교사 tip

아이들이 숲에서 알록달록한 봄꽃에 대한 관심이 높아져 봄옷 액자판으로 색깔 입혀 보기, 나뭇잎 날려 보기, 움직이는 생명체 등 자연 속에 무엇이 있는지 탐색을 하게 된다.

아이들이 자유롭게 자연 속에서 놀이를 찾아 놀이를 해 보면서 자연물로 다양한 놀이가 이루어진다.

숲 친구들을 위한 봄 소풍

활동 목표

- 봄 산에서 볼 수 있는 꽃, 날씨, 곤충을 탐색해 보며 봄이 왔음을 느낀다.

활동 장소: 우장산

준비물: 봄옷 액자판, 구급약품, 물, 간식 등

개요	활동 과정
도입	나무야, 꽃아! 안녕? * 나무에게도 감정이 있음을 알고 고마운 마음을 표현하는 방법에 대해 이야기한다. * 나무, 꽃에 가져간 봄옷 액자판을 가져가 입혀 보며 숲에서 볼 수 있는 다양한 색깔에 대해 이야기한다.
전개	우장산은 무슨 색 옷을 입고 있을까? 나무는 갈색 옷을 입고 있구나~ 진달래는 어떤 색 옷을 입고 있을까? * 봄에 볼 수 있는 다양한 색에 대해 이야기를 나눈다. 교사가 하얀 도화지를 제공해 주어 그 위에 자연물을 올리고, 다양한 모양을 만들어 볼 수 있도록 이야기한다. 나뭇가지를 들고 있구나? 도화지 위에 올려 무엇을 만들어 볼까? 나뭇가지를 가지고 흙 위에 그림도 그려 볼까? * 흙과 자연물에 관심을 가질 수 있도록 이야기한다.
마무리	봄은 어떤 색의 옷을 입고 있었지? * 숲에서 볼 수 있는 색에 대해 이야기를 나누어 본다. 우리가 주워 본 나뭇가지, 나뭇잎을 가지고 교실에서 무엇을 만들면 좋을까? 봄은 우장산에서 본 것처럼 다양한 색의 옷을 입고 있구나. 바깥 놀이를 나갈 때도 봄옷 돋보기로 봄의 색을 찾아보도록 하자~

- 숲 활동 시 무엇보다 중요한 것은 안전한 숲 활동이다. 미리 정해 둔 약속과 규칙을 잘 지키는 것만으로 대부분 안전사고를 막을 수 있다. 안전에 대한 예방 교육은 반드시 해야 한다.

4살 아이들의 봄 요약

활동 및 관심사

아이들과 봄의 숲에는
무엇이 있을까? 탐색해보아요

활동 및 관심사

숲을 탐색하며
우리가 가져온 '봄 옷 돌보기'를
나무, 꽃, 나뭇잎, 흙에 자유롭게
옷을 입혀주었어요

🌱 활동 및 관심사

숲에서 가져온 자연물을 이용해
연계하여 마술봉, 모빌,
나뭇잎으로 머리 꾸미기를
해보았어요

5살 아이들이 숲에서 만난 봄

따뜻한 봄이 왔다.

외부 활동에 대한 제약이 완화되면서 처음 가는 숲에 들뜬 아이들의 모습이 보인다.

"우리 언제 우장산 가요?"라고 묻는 아이들과 숲에 대한 이야기를 나누며 교사도 덩달아 들뜨는 기분이다.

숲으로 향하는 버스 안에서는 바깥 풍경을 감상하고, 점점 숲에 가까워질 때마다 숲에서 무엇을 탐색할 것인지 아이들끼리 조잘조잘 이야기를 나눈다.

우장산에 도착하여 여러 가지 자연을 관찰한다.

산에 오니 무엇이 보이냐는 교사의 질문에

"꽃이 있어요.", "나무가 엄청 많아요!", "나뭇잎이 많이 떨어져 있어요."라며 눈이 휘둥그레진다.

아이들은 탐색용 색 목걸이를 착용하고 봄의 색을 찾아 떠난다.

봄에 볼 수 있는 자연 속에서 알록달록 예쁜 색의 꽃도 찾아보고,

흙, 개미, 나뭇잎 등을 관찰하며 물감 박스처럼 봄의 색을 채워 나간다.

가장 많이 보이는 푸르른 나무를 탐색하고, 냄새를 맡기도 하고, 수북이 떨어진 나뭇잎을 자박자박 밟으며 온몸으로 자연을 만끽한다.

아이들은 말한다.

"선생님, 돋보기 주세요."

"나뭇잎 담을 바구니 어디에 있어요?"

돋보기로 자연을 관찰하고, 바구니에 나뭇잎과 솔방울을 담는다.

아이들은 "자연아, 고마워."라며 자연의 가치와 소중함을 언어로 표현한다.

나뭇잎 비가 내리는 놀이도 즐긴다.

의문점이 생긴 아이들, 나무에 달린 나뭇잎의 색과 떨어진 나뭇잎의 색이 다르다.

"선생님, 왜 나뭇잎이 달라요?"

아이들은 떨어진 지 얼마 되지 않은 나뭇잎과 푸석푸석한 나뭇잎을 비교한다.

"이건 매끈매끈해.", "이건 부스러져."라며 저마다 느끼는 감각을 이야기한다.

교사는 생각한다.

'어린이집으로 돌아가면 아이들과 나무에 대해 알아봐야지!'

교사는 밤껍질과 같은 날카로운 자연물이 없는지 조금은 걱정이 된다.
아이들은 밤껍질을 발견하고는 "이건 날카로우니까 살살 잡자.", "밤을 먹는 동물도 올 거야. 저기에 놔두자."라며 자연을 소중히 여기는 동시에 숲에 사는 생명체를 생각한다.

아이들은 자연물을 수집하여 동그란 형태로 구성한다.
"여기는 새가 쉬어 가는 둥지래요.", "개미집이에요."
바로 숲에서 살아가고 있는 생명체의 집을 만들어 주는 것이다.
집을 만들기 위해 각각의 아이디어와 의견을 제시한다.
이제 숲 체험을 마무리하여 어린이집으로 돌아갈 준비를 한다.
우리와 함께 시간을 보낸 숲에게 인사한다.
"또 올게, 우장산아. 안녕!"

놀이터에서 신나게 뛰어노는 것만으로도 행복해하는 아이들이 숲이라는 넓은 공간에 서 색다른 자연을 느끼는 귀한 경험이 되었다.
자연에서 놀다 보면 각종 자연물의 생김새, 냄새, 촉감 등을 자연스럽게 파악하게 된다. 이번 숲에서의 경험은 아이들이 자연을 익숙하고 편안하게 생각하는 계기가 되었다.

카메라로 봄의 모습을 직접 담아 보았어요

아이들은 눈에 제일 많이 보이는 분홍색 꽃을 사진으로 담는다.
"이것 봐! 분홍색! 꽃이 너무 예뻐."라고 말한다.
"여기도 있고. 저기도 있고, 이 꽃 엄청 많은데? 근데 나 이거 우리 집에도
있어."라는 말에 옆에 있던 친구는 "이거 철쭉일걸?"이라고
이야기하며 동의를 구하듯 선생님들 바라본다.
선생님은 "맞아요~ 이건 봄에 볼 수 있는 꽃이랍니다."라고 말하니
친구들은 "와!" 하며 다른 곳으로 이동하며 다른 것도 관찰하기 시작한다.

교사를 따라 높이 올라가던 친구들, 산 정상에 도착하니 넓은 한강이
보인다. "야~호~" 옆에 있던 형님의 외침에 친구들도 따라 외친다.
"야~호~" 친구들은 삼삼오오 모여 예전에 엄마, 아빠와 함께
한강에 갔던 경험들을 떠올리며 이야기가 시작된다.
"나 저기 가 봤어.", "나도! 나도 저기 가 봤어."라는 말에 누가 더 많이
가 봤는지 대결도 펼치며 산꼭대기에서 경치를 감상한다.

"바닥에 나뭇잎이 완전 많아!"라고 외치며 나뭇잎을 던지는 아이들.
"받아라~!" 하며 친구에게 던지기도 한다.
주위에서 보던 친구들이 모두 달려와 나뭇잎 파티가 열렸다.
두 손 가득 모아 나뭇잎을 한가득 안고는 위로 던진다. 앉아서 놀이하길
좋아하는 친구는 앉아 나뭇잎을 하나 집는다. 금방 부서지는 나뭇잎을 보더니
"바로 사라져 버리네."라며 아쉬워하는 친구.
옆에서 같이 놀던 친구는 "이건 괜찮아."라고 이야기하더니
초록색 나뭇잎을 하나 준다.

"우리 그럼 이거 모아 보자."라고 제안하며 잘린 나무 위에 수집한
자연물을 올린다. 모두 올리고는 밥상이 차려졌다고 생각했는지,
생일 축하 노래를 부르기 시작한다.
"생일 축하합니다. 생일 축하합니다. 사랑하는 친구의~ 생일 축하합니다!"
하고는 촛불을 불 듯 '후~' 하고 부니 옆에 있던
친구가 갈색 나뭇잎을 모아 날린다.

숲에서의 아이들

숲 체험의 확장
숲에 또 다른 친구들이 있을까?

지속적으로 숲에서 살아가고 있는 생명체에 큰 흥미를 보이는 아이들은 의문점을 가지게 된다.

"또 다른 친구들은 어디에 있지? 숨바꼭질을 하나?"

"우리가 만든 집에 얼른 왔으면 좋겠다!"

"큰 동물도 오면 좋겠어."

아이들이 자연의 집에 놀러 오는 동물을 보고 싶다고 이야기한다. 이 바람을 해소하기 위해 동물원으로 봄 소풍을 다녀왔다. 동물원의 친구들은 아이들에게 즐거운 추억을 선물하였다.

숲에 다녀온 후 숲에 사는 생명체에 관심이 높아진 아이들은 교실에서 숲의 친구들을 그리는 미술 놀이를 즐긴다.

OHP 필름과 검정색 도화지, 박스 등 여러 종류의 지류를 제공하니 숲 친구들 그리기를 더욱 즐긴다.

숲을 둘러싸고 있는 나무에 대한 관심도 높아져 나무의 구조를 놀이로 배우기도 하였다. 뿌리를 머리카락이라고 말하기도 하며 관찰한 것을 자유롭게 표현한다.

교사 tip

숲에서 살아 움직이는 생명체, 나무에 대한 관심이 높아진 아이들은 나뭇잎 비 내리기 놀이, 나뭇잎 비교하기, 생명체의 터전 만들기 등 자연 친화적 놀잇감으로 자유로운 놀이가 이루어진다. 자연에서 방법이 정해지지 않은 놀이, 아이들의 다양한 생각을 격려하는 놀이가 이루어진다.

숲의 보물 탐방

활동 목표

- 봄이 되어 바뀐 숲의 풍경을 느낀다.
- 자연 속에서 마음껏 뛰어다니며 자연과 상호 작용을 나눈다.

활동 장소: 우장산

준비물: 돗자리, 탐색용 색 목걸이, 자연물 수집 바구니

개요	활동 과정
도입	·자연과 인사를 나눈다. 우장산아! 안녕? 산에는 꽃, 나무가 많아요! * 숲에서 볼 수 있는 자연과 인사를 나누며 교감한다.
전개	·숲에서 여러 가지 색을 찾아본다. 탐색용 색 목걸이로 자연의 색을 찾아볼까요? 나무를 가장 많이 볼 수 있어요! ·숲에서 가장 많이 보이는 나무에 대한 놀이가 이루어진다. 나뭇잎 비가 내려요! 나뭇잎 색이 다르네요? ·숲에서 살고 있는 생명체의 집을 만든다. 새, 개미의 집을 만들어 줄래요! * 아이들은 자연 속에서 생태를 알게 되고, 살아 있는 생명에 대한 존중심도 가지게 된다.
마무리	·숲에서 보았던 자연에 대해 이야기를 나눈다. 자연에서 무엇을 보았나요? 어떤 놀이를 즐겼지요? * 자연 속에서 정해진 규칙이 아닌 자신만의 놀이 방법을 찾는다. 자연과 교감하며 자연은 아이들에게 가장 훌륭한 놀이 친구임을 느낀다.

5살 아이들의 봄 요약

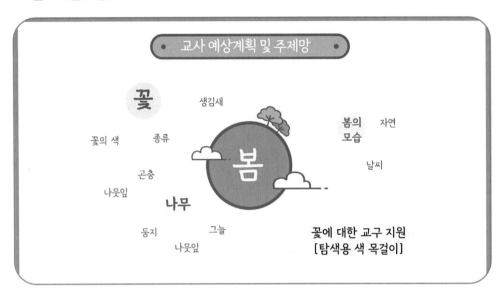

교사 예상계획 및 주제망

꽃
생김새
꽃의 색   종류
곤충
나뭇잎
나무
둥지   그늘
나뭇잎

봄

봄의 모습   자연
날씨

꽃에 대한 교구 지원
[탐색용 색 목걸이]

아이들의 놀이 및 관심

탐색용 색 목걸이를 통해
봄이 되어 바뀐 산의 모습과
알록달록한 자연의 색 찾기

숲의 나무와 생명체에 관심을 보임
- 나뭇잎 비 놀이
- 나뭇잎 비교 및 관찰
- 생명체 터전 만들기

사후 평가

01 봄 꽃에 관심이 많을 것이라고 생각했지만
봄의 색을 찾는 활동은 비교적 적은 시간이 소요됨.

02 숲에서 살고 있는 생명체와 나무에 대해 관심을 보임.

03 교사의 생각과는 달리 아이들의 시선에서 많이 보여지는
나뭇잎, 살아 움직이는 생명체에 관련된 자유로운 놀이가 이루어짐.

04 사전답사를 통해 유아들의 시선에서 볼 수 있는 자연이나
환경을 미리 관찰할 필요가 있음.

6살 아이들이 숲에서 만난 봄

봄, 여름, 가을, 겨울 사계절 속에서 아이들은 자연과 만나 얼마나 즐겁게 놀 수 있는지 그 모습을 담고 싶었다. 숲에서의 만남은 모든 것이 새롭고 우리를 설레게 한다.

숲은 부지런히 봄을 준비하고 봄의 따스한 햇볕을 만나면 풀과 나무는 땅속에서 고개를 '빼꼼' 하고 내밀어 나온다.
아이들과 숲으로 향하자 "우와, 나무가 진짜 많아~" 감탄사를 연발한다.
'숲의 냄새는 어떨까?'
마스크 때문에 맡을 수 없었던 숲의 맑은 공기를 마스크를 살짝 내려 흙 내음을 맡는다.
"뭔가 다른 냄새가 나!"
호기심을 가지며 숲에 한 발짝 다가간다.

비가 내린 숲
따뜻한 봄에 피는 꽃과 아름다운 곤충을 기대하고 간 교사와 아이들.
전날 비가 많이 내려서인지, 꽃은 지고 곤충도 숨어 버렸다.
"나뭇잎이랑 돌밖에 없잖아요!"
아이들의 말처럼 숲에는 나무에서 떨어진 낙엽과 그 주위를 둘러싼 돌멩이뿐이였다.
처음으로 가는 숲과 인사하는 시간을 가지기로 했던 아이들의 얼굴에서 실망하는 모습이 보인다.

낙엽 주스 사세요!
"어? 근데 나뭇잎이 엄청 많은데?"라며 주위를 살피더니 낙엽을 한 움큼 쥐어 담을 컵을 찾는다. 투명한 컵, 종이컵, 소꿉놀이 컵을 이용해 낙엽을 담고 나뭇가지를 꽂아 빨대를 만들어 "이건 주스예요."라고 이야기한다.
그냥 지나칠 것 같은 예상과 달리 "저는 오렌지 주스요~"라며 놀이에 동참하는 친구의 한마디에 주스 만들기는 주스 가게 놀이로 전환된다.

낙엽을 담아 주스를 만드는 공간, 돌멩이를 돈으로 삼아 계산하는 공간을 구성해 놀이한다.
"여기는 주스를 만들고요, 계산은 저기서 하면 됩니다!"

마치 처음부터 주스 가게 놀이였던 것처럼 아이들이 다 만들어진 주스를 들고 친구와 함께 흔들의자에 앉아 도란도란 이야기를 나눈다.

주스를 먹다 보니 주스와 함께 곁들어 먹을 빵과 케이크가 생각난다. 낙엽과 휴지 뭉치를 돌돌 말아 비닐 봉투를 끈처럼 만들어 감싸 묶는다.
"샌드위치 나왔습니다~"
전날 내린 비로 흙이 젖어 있어 쉽게 뭉친다. 숟가락 놀잇감을 이용해 뭉쳐진 진흙을 낙엽 위에 펴 바르고 "이건 크림빵입니다~"라고 이야기한다.

봄의 숲과 노는 방법
가게 놀이가 이루어지던 중, "너무 뛰어다녀서 힘들다."라며 가까운 휴식 공간을 찾는다. 흔들의자는 이미 만석인 상황. "어디에서 쉬지?" 두리번거리다 수북이 쌓여 있는 낙엽을 밟자 '바스락~ 바스락~' 소리가 난다. 그리고는 낙엽 뭉텅이 위에 털썩하고 앉는다. "바닥 안 딱딱해?"라고 묻자 "나뭇잎 때문에 푹신해요."라고 이야기하며 낙엽을 하늘 위로 뿌린다.
"오예, 잡았다~
떨어지는 낙엽을 잡은 아이들이 즐거워한다.
이번엔 더 높이 날려 본다.
"와~ 나뭇잎 비가 내린다!"
낙엽을 뿌리고 맞으며 온몸으로 숲과 인사한다.

'낙엽 위에서 점프도 되려나?' 이번엔 낙엽 위에서 콩콩하고 뛰어 본다.
바스락 소리가 나면서 땅바닥과는 느낌이 다르다.
"이거 방방 같다."
손으로 낙엽을 모아 그 위로 폴짝폴짝 점프한다.

낙엽을 탐색하는 아이들과 낙엽 보물찾기 놀이를 한다. 숲에 떨어진 낙엽을 주워 말했다.
"선생님이 들고 있는 낙엽이랑 똑같이 생긴 낙엽 어디 있을까?"
아이들은 이리저리 흩어져 비슷하게 생긴 낙엽을 찾아온다.
"이건 왠지 바나나처럼 생겼어."
"이건 울퉁불퉁 나뭇잎이야."
숲에 떨어진 다양한 낙엽이 아이들의 놀이 세상이 된다.

낙엽 보물찾기 놀이가 계속 이어지고, 모은 낙엽을 활용할 수 있는 방법을 고민하던 중 낙엽을 땅 위에 대고 무언가를 만드는 아이들의 모습이 관찰된다.
　내 얼굴, 토끼, 거미, 물고기 등 아이들의 재미있고 창의적인 생각으로 변신한 낙엽들.

　그것은 어른들의 눈높이에서 만들어진 것이 아닌, 숲에서 놀이하며 자연스레 만들어진 결과물이다.
　우리는 봄을 오감으로 느끼며 숲과 인상 깊은 첫인사를 나누었다.

카메라로 봄의 모습을 직접 담아 보았어요

전날 비가 많이 내려, 져 버린 꽃들 사이 봉긋 피어난 꽃 한 송이.
"우와! 여기 꽃 폈다! 꽃을 찾았어!"
꽃 한 송이를 발견한 것이 뭐 그리 좋은지 펄쩍 뛰며 소리친다.
"역시 봄에는 꽃이 펴야지~"
"아, 예쁘다. 꽃이 빨간색이랑 주황색이랑 섞여 있는 것 같아."
꽃의 얼굴을 마주하며 감탄한다.

'낙엽이 왜 이렇게 많지?'
"아~ 전날 비가 많이 내려서 다 떨어졌나 봐!"
"아니야. 추울 때 떨어졌던 나뭇잎이야."
실랑이를 벌인다.
"뭐 어때~ 여기 누우면 침대처럼 푹신하겠다! 여기서 쉬자."

아이들이 궁금한 듯 고개를 내밀어 시선을 돌린다.
"저기는 뭐 하는 곳인지 궁금해?"
교사가 묻자 아무 말 없이 끄덕인다.
"황톳길? 저 어른들처럼 맨발로 걸어 보고 싶다."
발바닥 사이로 황토의 시원함을 느끼며 숲 사이로 걷는다.

교사 tip

숲과의 첫 만남은 새롭고 설렘을 가지게 했다.
마른 낙엽, 처음 보는 나무나 꽃을 만날 때도 우리는 즐겁다.
아이들이 보고 만지고 원하는 것은 모두 놀이가 된다는 것을 알게 되었다. 아이들의 상상력을 기반으로 하여 모든 가능성을 열어 두고 언제, 어떻게 쓰일지 모르는 재료들을 충분히 지원하고, 놀이에서 필요한 것은 없었는지, 무엇이 있으면 좋을지 질문하고 고민하는 것이 좋다.

숲에서의 아이들

강서구 꼬마 탐험가들의 숲 이야기

나뭇잎아, 안녕?

활동 목표

- 숲에서 나타내는 봄을 찾고 자연과 친해지는 기회를 가지며, 모든 생명을 존중해야 함을 안다.

활동 장소: 우장산

준비물: 구급약품, 물티슈, 소꿉놀이 교구, 플라스틱 컵, 종이컵, 유아용 카메라

개요	활동 과정
도입	· 인사 나누기 우장산아, 안녕? 자연아, 반가워! * 식물, 생물 등 주변 자연환경에 고마운 마음을 표현한다.
전개	· 주변 자연물을 탐색한다. 주변에 있는 솔방울, 돌멩이, 낙엽에 관심을 보인다. · 낙엽으로 놀이한다. 떨어진 낙엽으로 놀이할 수 있는 방법을 탐색하고 시도한다. * 규격화된 놀잇감이 아닌 자연물을 활용해 다양한 경험을 한다.
마무리	· 오늘 활동한 것을 회상하며 마무리한다. * 자연물이 주는 즐거움에 대해 이야기 나누고 놀이에서 더 필요한 자원에 대해 상호작용한다.

6살 아이들의 봄 요약

이렇게 놀았어요

우장산 탐색하기

꽃, 솔방울 등 자연물을
관찰하고 숲 놀이기구에
관심을 가져요

놀이기구에 관심을 보여
놀이시간을 좀 더
확장해서 지원했어요

낙엽으로 놀기

쌓여있는 낙엽을 보고
낙엽을 뿌리면서 놀이하고
화분이나 음식 등을 만들어
역할놀이를 즐겨요

종이컵이나 소쿠리를
제공하여
형상화시킬 수 있도록
지원했어요

숲 눈에 담아가기

유아용 카메라를 이용해
내가 가장 좋아하는
풍경을 찍어요

활동범위를 확장해주어
좀 더 다양한 풍경을
촬영할 수 있어요

7살 아이들이 숲에서 만난 봄

촉촉이 비가 내렸던 아침, 우리는 숲으로 향했다.

숲으로 향하는 차 안에서 아이들은 들뜬 마음을 감추지 못하고 흥얼거리며 창밖을 바라본다.

차량이 숲 앞에 정차하자 "우리 어디로 가는 거예요?"라고 묻는 아이들.

숲으로 향하는 짧은 오르막길을 지나 주변을 바라본다.

흔들리는 나뭇잎과 상쾌한 공기, 지저귀는 새소리를 들으며 모임 장소로 향한다.

가방에서 루페를 꺼내는 아이들.

숲속에서 궁금한 것들을 찾아 나선다.

지난가을, 탐스럽게 열렸던 마른 도토리, 나뭇잎, 나뭇가지 등 평소라면 지나쳤을 숲을 이루는 작은 요소들에 눈길을 돌린다.

루페로 확대해 본 자연물들은 아이들에게 영감을 주었다.

나뭇가지와 나뭇잎을 모아 온다. 교사가 준비한 준비물들을 보며 적절한 접착 도구들을 찾아본다.

고무줄로 나뭇가지와 나뭇잎을 연결한다. 고무줄의 탄성 때문인지 나뭇가지가 마음대로 잡히지 않는다.

"친구야, 나뭇가지 좀 잡아 줄래?"

친구의 도움을 얻어 본다.

친구가 잡고 있는 나뭇가지와 나뭇잎. 내가 묶고 있는 고무줄. 힘을 모아 나뭇가지와 나뭇잎을 연결한 무언가를 만든다.

"완성됐다! 자, 봐 봐."라고 말하며 바닥에 주저앉는다.

아이들이 연구하고 힘을 모아 만든 것은 '빗자루' 도구이다.

나뭇잎이 볏짚이 되고, 나뭇가지는 탄탄한 막대가 되었다.

삼삼오오 그룹이 되어 피자 판을 펼친다.

피자 판 위에 무엇을 담게 될까? 교사가 준비한 프로그램은 〈피자판에 봄을 피자〉였다.

아이들이 그 의도를 알아주었을까? 아이들이 어떤 자연들을 담을지 지켜보기로 한다.

피자 판 위 나뭇가지, 꽃, 도토리 등을 줍고 꾸며 본다. 우리 반이 만든 피자는 숲에서 발견한 자연물들로 작은 숲을 구성한다.

아이들의 눈이 향한 낮은 시선에서 바라본 자연물들은 훌륭한 놀잇감이 되었다.

황톳길을 걷고 있는 어르신을 바라보는 아이들.

"선생님, 왜 맨발로 걸어요? 아플 것 같은데요."라고 말한다.

교사가 양말을 벗자, 아이들도 함께 양말을 벗는다. 혹여나 양말과 신발을 잃어버릴까 봐 눈은 소지품에 가 있고, 몸은 황톳길을 향한다.

황톳길 위에 올라선 아이들은 "아, 차가워."라고 말한다. 촉감이 느껴지는 대로 탄성과 표현을 내지르며 천천히 길을 걷기 시작한다.

어느새 황톳길은 우리 아이들에 의해 점령되었다.

황톳길을 걷는 이유에 대해 묻는 아이들에게 교사는 "황토라는 흙은 우리 몸을 건강하게 하는 효과가 있어요."라고 말한다.

아이들은 '황토=건강하게 돕는 자연'을 알게 되는 계기가 되지 않았을까?

카메라로 이곳저곳을 담는 아이들.

구멍이 숭숭 나 있는 나무도, 봄을 알리는 어여쁜 꽃들도, 숲길에 있는 다양한 크기의 돌들도 아이들에겐 새롭기만 하다.

곳곳에 있는 쓰레기를 보며 "선생님, 누가 산에 쓰레기를 버렸어요!"라며 놀란다.

길거리에 있는 쓰레기를 보았을 때보다 더 놀라며 심각하단 듯 고개를 휘젓는다.

봉지에 쓰레기를 담으며 아이들은 울창한 숲은 쓰레기로부터 보호하며 가꾸어야 한다는 것을 배워 나간다.

아이들은 교육 기관에서 숲은 보호하고 가꾸어야 하는 것임을 배운다. 하지만 코로나 19로 인해 야외 활동에 제약이 있었고, 숲에서 많은 시간을 보내며 숲을 느끼기엔 기회가 부족했다.

야외 활동에 대한 제약이 완화된 현재, 아이들은 교실에서 알아보았던 숲을 눈으로 바라보고, 귀로 듣고, 손끝으로 느끼며 모든 것을 경험할 수 있게 되었다.

아이들이 숨 쉬며 바라보고 경험한 숲은 완연해질 봄의 기운을 느끼는 기회가 되었고, 숲의 여러 모습을 놀이를 통해 알 수 있었으며, 아이들의 발걸음 하나하나 모든 것이 자연 속에서 '봄'을 느끼는 행위였음을 알 수 있었다.

카메라로 봄의 모습을 직접 담아 보았어요

산에 오르는 길목에서 만난 분홍 꽃

봄 계절에 만날 수 있는 철쭉이다. 아이들은 삼삼오오 모여 꽃을 관찰하고
카메라를 들어 꽃을 찍는다.
많은 철쭉꽃들 중 가장 크고 아름다운 것을 가까이, 크게 담고 향기를 맡아 본다.
눈은 휘둥그레지고, 입을 미소를 띄우며 짧막한 탄성을 낸다.
어떤 향기인지 맡아 보지 못했지만, 아이들의 표정 속 향긋함이 느껴진다.

흙 위로 떨어진 꽃

꽃잎의 몇 가닥이 뜯겨 있다. 흙 위에 떨어진 꽃잎을 카메라에 담고
채집통에 넣는다. 하얀 꽃잎의 몇 가닥은 날아가는 새들이 먹진 않았을까,
동물들이 먹은 것은 아닌지를 심각히 이야기 나눈다. 어떤 이유에서인지
꽃잎 가닥의 행방을 알 수 없지만 '숲'이기에 아이들은 동물들의 먹이가
될 수도 있는 가능성에 대한 호기심을 가진다.

모임 장소로 향하는 길에 우뚝 선 나무들

나무의 잎들은 푸릇한데, 땅 위의 나뭇잎들은 낙엽이다. 푸릇한 풍경을
보며 걷는 길에는 사락사락 낙엽을 밟는 소리가 난다. 낙엽과 나뭇잎의
차이에 대해 이야기를 나누던 아이들은 나무의 나뭇잎도 결국 낙엽이
된다는 것을 설명한다. 숲속에서 자연의 섭리를 이해하며 자연의 변화에
관심을 가진다.

폭신폭신한 낙엽 침대

산의 이곳저곳을 탐방하며 온몸으로 즐겨 본다.
친구들의 모습이 재미있는지, 누워 있는 친구의 모습을 담아 본다.
낙엽을 흩날리며 즐거워하는 친구와 한 팀이 되어 낙엽 점프,
낙엽 소나기 등 즐거운 놀이를 만들어 간다.

숲에서의 아이들

숲 체험의 확장
숲에 왜 동물들이 안 보일까요?

지난봄 숲 체험 이후, 아이들은 숲에 대한 호기심이 커졌고, 그중 숲은 동물들의 집이 되어 주는 터전이기도 한데 동물들을 보지 못함에 아쉬움이 있었다.

"선생님, 우린 곤충밖에 못 봤어요. 동물들도 살지 않아요?"라고 묻는 아이들.
우리가 체험한 숲은 많은 사람들이 이용하는 곳이기에 숲속 동물들은 산 깊숙이, 사람들의 발길이 닿지 않는 곳으로 터전을 옮겨 갔다. 간혹 재빠르게 움직이는 청설모 정도는 볼 수 있으나 그마저도 포착하기가 어렵고, 아쉽게도 우리의 방문일에는 얼굴을 내비치지 않았다.

동물들을 보고 싶어 하는 아이들의 관심을 어떻게 해소시켜 주는 것이 좋을까.
숲에서 볼 수 있는 동물들에 관한 이야기를 나누어 봤다. 청설모, 찌르레기, 딱따구리를 보자 직접 만나 봤으면 어땠을까 하는 아쉬움이 커져 갔다.

숲을 계기로 형성된 동물에 관한 관심. 동물원으로 봄 소풍을 가기로 결정했다.
완연해진 봄 날씨를 느끼며 아이들이 보고 싶어 하던 동물들을 보며 우리의 봄은 즐거움으로 채워졌다. 7살 아이들의 봄은 잊지 못할 추억이 되었다.

교사 tip

〈봄 피자 만들기〉 활동은 숲에서 할 수 있을 만한 교사가 준비한 최소한의 활동이었다.
교사가 예상한 대로라면, 숲의 자연물들을 모아 맛있는 피자를 만들고 소꿉놀이가 이어지는 계기가 될 것으로 예상하였지만, 아이들의 생각은 달랐다.

〈봄 피자 만들기〉는 잠시 반짝인 놀이로, '아이들이 스스로 만드는 자연물 놀이'에 더 관심이 집중되었다. 접착 재료로 준비한 것들을 응용하여 빗자루, 화살, 별 모양 등을 만드는 것을 더 선호했다. 어려움이 있을지라도 친구들과 협동하여 자연물로 새로운 것을 창조하는 데에 대한 기쁨이 아이들을 사로잡았다.

봄을 피자

활동 목표

- 숲을 사랑하고 자연을 보전하는 마음을 가진다. 숲의 다양한 자원을 활용하여 창의적인 놀이를 만들어 보는 기회를 제공한다.

활동 장소: 우장산

준비물: 요가 매트, 간식, 피자 판, 고무줄, 빵 끈, 찰흙

개요	활동 과정
도입	· 인사 나누기 우장산아, 안녕? 우리는 지구반이야. 오늘은 우장산 숲을 좀 알아볼게! * 자연은 살아 숨 쉬는 생명이며 감정이 있음을 이해하고, 표현하도록 돕는다.
전개	· 숲속 자연물을 탐색하며 피자 판 위에 자유롭게 담아 본다. 숲을 이루는 것은 무엇일까? 자연물을 담아 우리만의 봄을 맛있게! 표현해 볼까요? * 규격화된 놀잇감이 아닌 자연을 활용하여 아름다움을 표현하고, 소꿉놀이로 확장하는 매개가 되어 숲 자원을 적극 활용 해 본다.
마무리	· 우리 반의 봄 피자를 감상한다. 무엇을 담았을까? 어떤 맛이 날까? 자연물로 피자를 만들어 보니 어때? * 창의적인 표현의 숨겨진 의미를 찾아보고 이야기 나눔으로써 자연물이 주는 즐거움과 재미를 느껴 본다.

봄을 이렇게 담겠지?

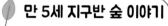 만 5세 지구반 숲 이야기

꾸미는것을 좋아하는 지구반은 무엇인가 만들고,
담고 싶어 하는 욕구가 있을것이야
자연물을 담은 우리만의 이야기를 담을 매개가 필요해.

피자판   고무줄   빵끈   찰흙

모습을 담다.

활동하고 있는 친구
사랑하는 친구
동생들
숲의 일부인 우리

공간을 담다.

유아 시선의
숲의 공간구성
시설안내판
황토길
휴식데크

자연을 담다.

유아 시선의
숲이 주는 신
비로움 재미있
는 것
알고 싶은 것

지구반의 봄

🍃 만 5세 지구반 숲 이야기

교사가 준비한 것은 잠시 반짝인 호기심으로 마무리.
내가 숲에서 뛰어 놀고 맨발로 걷고, 나뭇가지를 응용하고 싶어하며
온 몸과 감각으로 느끼는 숲이 지구반의 봄이었음.

자율성　탐구력　응용력　유연함

다음 숲에서 기대되는 것

2장

여름 숲으로
떠나요!

여름, 여름, 여름, 즐거운 여름, 시원한 냇가에서~

숲에서 맞이하는 봄은 길지 않은 것 같아요. 숲에서 봄을 느끼고 알아 갈 때쯤 벌써 여름이 다가왔음을 느껴 본 6월의 숲이었습니다.

나무도 무성해진 만큼 아이들의 생각도 커져 7세 반 형님들은 지난번 숲에서의 아쉬움을 설계도에 담아 자연물로 자기 생각을 표현해 보기도 하고, 동생들은 숲의 변화에 신기해하면서 놀이에 깊이가 생겨 단기적인 놀이보다는 확장해서 놀이를 만들어 가는 모습이 대견했던 시간이었습니다.

아이들의 숲 체험을 위해 교사는 놀이에는 관여하지 않지만, 늘 사전에 연구하고 다녀온 뒤 평가하며 아이들의 놀이가 확장해 갈 수 있도록 도와주는 지원자로서의 신원 선생님들이 감사한 6월이었습니다.

여름의 숲은 아이들에게 어떤 의미로 다가갈까? 아이들이 덥다고 힘들어하지 않을까? 걱정과는 다르게 적당한 그늘과 적당한 바람이 우리 친구들을 기다리고 있던 개화산 기슭의 방화 근린 공원이었습니다.

프로그램이 정해진 숲 체험장이 아닌 신원 아이들이 만들어 가는 프로그램으로, 다양한 놀이를 만들어 가는 모습에 숲과 한층 더 친해짐을 느껴 봅니다.

숲에서만 느낄 수 있는 자연의 소리에 귀 기울여 보고, 바람의 흔들리는 나뭇잎에 시선이 쫓기다 발견한 새를 보며 새의 날아가는 모습에 신기해 주변 친구들을 부르는 형님들, 나무 사이 틈새에 생긴 거미줄을 보며 거미들의 집이라 표현하는 아우반 동생들, 여름에 대표적인 곤충인 매미 보며 신기해하는 모습…. 각자의 색깔로 만들어 가는 여름의 이야기가 기대되는 오늘입니다.

그렇게 풍부하고 활기찬 숲의 봄이 지나고 여름이 찾아왔을 때, 아이들에게 여름은 무엇을 의미할까요? 여름은 아이들에게 또 다른 다양한 의미와 경험을 선사합니다.

먼저, 여름은 자유로움과 즐거움의 시간입니다. 교육기관에서의 규칙과 과제에서 벗어나 자유롭게 뛰어놀고, 친구들과 함께 다양한 놀이와 활동을 즐길 수 있는 시기입니다. 물놀이, 숲속에서의 탐험, 바람을 맞으며 뛰어다니는 등 여름은 아이들에게 무궁무진한 즐거움을 제공합니다.

또한, 여름은 자연과의 소통과 발견의 시간입니다. 숲속이나 공원에서 자연의 소리와 향기를 느끼며 나무의 그늘에서 시원함을 찾고, 다양한 생물들과의 만남을 경험합니다. 아이들은 여름에 피어나는 꽃과 나무의 녹색, 곤충들의 움직임에 신기함과 경이로움을 느끼며 자연을 탐구하고 배웁니다.

또한, 여름은 아이들이 자신의 창의력과 상상력을 발휘할 수 있는 시간입니다. 아이들은 여름 동안 다양한 놀이와 활동을 통해 자신만의 이야기를 만들고, 상상 속의 세계를 탐구하며 창의적인 아이디어를 발전시킬 수 있습니다. 숲에서 새로운 놀이를 만들어 가고, 또래들과 함께 협력하며 새로운 경험과 기술을 습득하는 과정은 아이들의 성장과 발전에 큰 도움이 됩니다.

따라서 여름은 아이들에게 자유롭고 즐거운 시간을 선사하며, 자연과의 소통과 발견, 창의력의 발휘를 가능하게 하는 소중한 계절입니다. 아이들이 여름을 통해 더 많은 경험을 쌓고 성장해 나갈 수 있기를 기대합니다.

여름 숲의 특징

여름의 숲에는 다양한 생물들이 활동하며, 무성한 식물들이 자라고 있습니다. 따라서 여름의 숲에서는 그 어느 때보다도 생동감과 활기가 넘쳐나는 풍경을 볼 수 있습니다. 숲 내부에서는 여름에만 볼 수 있는 다양한 생물들을 발견할 수 있습니다. 예를 들어 나비, 벌, 메뚜기 그리고 여러 종류의 곤충들이 숲을 채우며 활발하게 활동합니다. 또한, 숲에서는 여름에만 볼 수 있는 다양한 꽃들과 나무들도 있습니다. 초여름에는 라일락이나 아카시아 등의 꽃들이 피어나고, 이후에는 더욱 무성한 숲속에서 숨겨져 있던 다양한 식물들이 자라고 있습니다.

또한, 여름의 숲은 더욱 습한 환경이기 때문에, 더욱 신경 써야 할 부분들도 있습니다. 예를 들어, 숲속에서는 물놀이를 할 때 조심해야 하며, 더위에 힘들어할 수 있는 아이들을 위해 충분한 수분 섭취와 그늘에서의 휴식이 필요합니다. 따라서, 여름의 숲에서는 적극적인 안전 조치와 보호가 필요합니다. 이러한 조치를 통해 아이들이 숲에서 더욱 안전하고 즐겁게 놀이와 탐험을 할 수 있도록 도와주어야 합니다.

강서구 꼬마 탐험가들의 숲 이야기

강서구 꼬마 탐험가들의 숲 이야기

4살 아이들이 숲에서 만난 여름

여름을 찾아 떠난 친구들의 이야기

파란 하늘에 햇빛이 내리쬐는 여름,
아이들은 더운 날씨에도 숲을 오르며 얼굴에 웃음이 떠나질 않는다.
봄과는 다른 날씨와 풍경들,
더욱 푸르게 변한 나무들과 맴맴 울리는 매미 소리에 이곳저곳 살핀다.

"매미 껍질이다!"
한 아이가 나무에서 매미의 탈피 껍질을 집어 보여 준다.
매미 모양의 껍질이 신기한 듯 한참을 관찰하는 아이들.
너도나도 다른 나무로 달려가 탈피 껍질이 있는지 찾는다.
나무를 관찰하던 아이가 교사를 부른다.
"선생님, 나무가 초록색 옷을 입었어요!"
나무를 덮은 이끼를 보고는 옷이라고 표현하며 손으로 이끼를 만져 보는 아이들이다.

지난봄, 숲을 다녀오며 자연물을 관찰하고 채집하는 데 조금은 익숙해진 아이들,
스스로 채집한 자연물을 컵 속에 넣고 친구들에게 보여 준다.
솔방울, 나뭇가지, 도토리, 나뭇잎 등 어느새 컵을 가득 채운 아이들이다.
컵에서 솔방울을 꺼내 하나씩 나열하는 아이,
"선생님, 이거 봐! 기다란 기차야!"
길게 줄지은 솔방울을 가리키며 기차라고 이야기한다.
"더 긴 기차도 만들 수 있을까?"
선생님의 한마디에 아이들은 서로 모은 솔방울을 꺼내 줄지어 놓는다.
힘을 합쳐 만든 긴 솔방울 기차에 활짝 웃음을 보이며 솔방울 기차를 따라 조심조심 걸어 본다.

숲을 내려가야 할 시간. 아이들은 아쉬운지 숲을 몇 번 더 둘러본다.
"다음에는 다람쥐도 보고 싶다!"
"노란색 나뭇잎도 찾자!"
가을의 숲에서 보게 될 또 다른 풍경을 기대하는 아이들이다.

푸른 여름의 숲, 숲속 자연물과 곤충을 찾아요

아이들이 숲을 탐색하며 나무에 관심을 보인다.
나무를 탐색하다 보니 나무 틈 사이를 가리키며 "선생님 여기에
수염이 있어요. 뾰족뾰족해요."라고 이야기한다.
"어? 여기도 있어."라며 나무들을 유심히 관찰해 보는 아이들이다.

아이들과 숲을 탐색하며 길이가 다양한 솔방울을 발견한다.
너도나도 주우며,
"선생님 솔방울이 진짜 길어요."
"내가 더 길어!"라며 서로 솔방울을 나란히 놓아 본다.
"솔방울이 칙칙폭폭 하네."라며 주워 온 솔방울을 계속해서
연결해 본다.

숲에서 보았던 곤충 친구들에 대해 이야기 나눈다.
"숲에 거미도 있었어."
"개미도 엄청 많았어!"
각자 보았던 곤충을 이야기한다.
숲에서 채집한 자연물로 곤충을 표현한다.
"이거는 거미 다리야. 거미 다리는 이만해."
"나는 매미 만들래!"
"매미는 맴맴 울어."
숲에서 보았던 곤충을 자연물로 만들며 특징도 이야기하는 아이들이다.

숲에서 찍은 사진을 보고 숲에 다녀온 이야기를 나눈다.
"내가 나뭇가지를 만져 보니까 엄청 딱딱했어."라고 이야기하는
모습이 보인다.
교사는 우리의 몸 안에 있는 뼈들도 딱딱하다고 알려 주며,
채집한 나뭇가지로 우리의 몸을 표현해 볼 수 있도록 도움 준다.
아이들은 나뭇가지를 만졌다가 자신의 몸을 만졌다가 하며
몸을 표현하였다.

숲 체험의 확장
숲에서 볼 수 있었던 다양한 자연물

숲에서 채집한 자연물을 관찰하며 관심을 보이는 아이들,
자연물로 교실을 꾸며 주자는 아이들의 말에 자연물 리스를 만들기로 한다.
동그라미와 세모, 네모 등 다양한 모양을 만들고 물감으로 색칠하며 리스를 만든다.
리스를 교실과 복도에 걸어 두니 숲의 분위기가 물씬 느껴진다.

바스락거리는 낙엽을 만져 보는 아이,
힘을 주어 움켜쥐니 낙엽이 바스러지며 작은 조각이 된다.
"부서진 낙엽을 다시 맞춰 볼까?"
낙엽 그림 위에 조각을 하나씩 붙여 보며 놀이한다.
여러 종류의 낙엽 조각들이 모여 알록달록한 낙엽이 완성되었다.

"도토리는 다람쥐가 먹어."
도토리 뚜껑을 보며 이야기한다.
교실에 있는 다람쥐 그림으로 가서 다람쥐 입에 도토리를 붙여 준다.
각자 숲에서 채집한 자연물로 자유롭게 놀이하는 아이들이다.

교사 tip

영아들은 새로운 자연물에 높은 흥미를 보이며 탐색하는 모습을 보인다.
안전에 유의하고, 공간을 한정적이지 않고 넓게 사용하여 자유로운 탐색이 이루어지도록
지원하면 다양한 자연물을 탐색하며 놀이가 이루어진다.

여름 숲에서 찾아요

활동 목표

- 봄과 달라진 숲의 모습을 관찰하고, 다양한 자연물과 곤충을 채집하며 탐색한다.

활동 장소: 방화근린공원

준비물: 채집 봉투, 구급약품, 물, 간식 등

개요	활동 과정
도입	꽃아, 나무야, 안녕~ * 숲과 인사를 나눈다. 여름 숲에는 어떤 것들이 있을까? 같이 한번 찾아볼까? * 여름이 되어 바뀐 숲의 모습을 관찰하며 새로운 자연물을 찾아본다.
전개	봉투에 어떤 걸 담아 가고 싶어? 나뭇가지도 있고, 커다란 나뭇잎도 있네. 거미랑 개미도 발견했구나! * 채집 봉투에 자유롭게 자연물을 채집한다. 담은 자연물을 보여 줘 볼까? 정말 다양한 것들을 모았구나. 무엇을 만들 수 있을까? 지렁이도 만들고, 토끼도 만들었구나! 정말 멋지게 만들었네~! * 채집한 자연물로 다양한 모양을 만들어 본다.
마무리	여름 숲에는 어떤 것들이 있었지? 어떤 곤충들을 보았니? 다음번 숲은 또 어떤 모습일까? * 여름 숲에서 보았던 것들을 이야기 나눈다.

4살 아이들의 여름 요약

자연물을 가지고 놀아해요

알록달록 과녁판위에 솔방울을 골인!!

– 다양한 자연물을 채집해보고 과녁판위에 솔방울을 던져라!

나무가지를 이용해 얼굴을 만들어보아요

– 점토 위에 나뭇가지로 내 얼굴을 꾸며보는 아이들

숲에서 주워온 자연물을 가지고
교실에서 활용해보았어요

솔방울아 안녕??

숲아 안녕!!
인사하며
오늘은
어떤 자연물이
있는지
탐색해보아요

길다란
솔방울도 찾고
콕콕
개미구멍도 찾아요

솔방울을
길게 놓으며
칙칙폭폭 기차를
만들었어요

솔방울, 다양한 자연물을
가지고 자연물 나무,
솔방울 액자 꾸미기를
해보았어요

여름 숲에는 무엇이 있을까?

도토리와 도토리 모자를 주
워보아요
활동을 하다보니
큰 나뭇잎이 있어
크레파스로 그림을
그려볼까?

나뭇잎을 말려
모자이크를 하고
나뭇잎을 색칠해
리스로 만들어보았어요

사전에 숲에서 놀이할 교구를 미리 준비해가니 자연물을 이용해 놀이가 다양
하게 이루어지는 모습이 관찰되었다.

교실에 돌아와 숲에서 채집한 자연물을 제공해주니 숲에서 놀이했던 기억을 떠올리
며 영아들끼리 이야기를 나누는 모습이 보였다.

자연물이 다양하지 않아 걱정하였지만 다양하지 않은 자연물로도
영아들이 자연물을 이용하여 다양하게 놀이하는 모습을 볼 수 있었다.

다음 번 숲 체험학습에도 미리 영아들과 숲 그림을 보며 어떤 놀이를 하고 싶은지
이야기를 나누어보고 자연물을 이용한 놀이가 다양하게 이루어질 수 있도록 할 계
획이다.

5살 아이들이 숲에서 만난 여름

뜨거운 햇살 아래 아이들의 옷차림이 가벼워지며 여름이 왔다는 것을 느낀다.

하하호호 교실 속에서 놀던 아이들은 이번 주 숲에 갈 생각에 교사에게 와서 몇 밤 남았는지 물어본다.

아이들은 기대감과 함께 이번에 가게 될 여름 숲은 어떤 모습일지 이야기를 나눈다.

"내가 봤는데! 개미가 엄청 많아."

"나무도! 나무도 초록색!"

"아, 이번엔 뭐 하고 놀지?"

"공기도 좋을 거야!"

갈 날이 아직 많이 남았지만, 벌써 무엇을 하고 놀지 고민인 아이들이다.

이러한 아이들의 모습에 이번 여름 숲에서는 어떤 것을 느낄 수 있을지 교사도 기대감이 더욱 커진다.

숲에 가는 날이 되어 아이들은 가방을 메고, 뜨거운 햇빛을 피할 모자를 쓰고 여름 숲에 갈 준비를 마친 후, 버스를 타고 이동한다. 버스로 이동하며 보이는 나무들.

"나무! 초록색!"

내 생각이 틀림없다는 듯 자신감 있는 목소리로 말한다.

여름 숲에 도착하여 아이들은 발걸음이 닿는 대로 여름 숲을 탐험하기 시작한다.

아이들은 저번 숲과는 바뀐 모습에 감탄하며 교사가 제공한 카메라로 여름 숲의 모습을 담는다. 봄에 있던 꽃나무의 모습은 보이지 않고, 파릇파릇 초록색 나무가 많아진 모습, 아이들의 키와 똑같이 자라난 풀의 모습을 한 장이라도 놓치고 싶지 않은 듯 카메라 셔터를 누른다.

아이들은 땅에 떨어진 나뭇가지를 주워 파릇한 나뭇잎을 따서 꽂기 시작한다.

여러 개를 꽂은 후, "선생님, 이건 초록색 꼬치예요."라고 말한다.

그 모습을 본 다른 아이가 이야기한다.

"근데 나뭇잎 그렇게 뜯으면 안 되는데…."

아이들은 서로 이야기하며 나뭇가지와 붙어 있는 나뭇잎은 살아 있다는 것을 알게 된다. 교사가 시무룩한 아이들의 모습을 보고는 "그럼 우리 어떤 것으로 놀이하면 좋을까요?"라고 물어보자, "아! 땅에 떨어진 나뭇잎!"이라고 하며 땅에 떨어져 있는 나뭇잎을 한 움큼 잡아 나무토막 위에 올려놓는다.

갑자기 완성된 피자! 피자를 시작으로 우리들의 〈특별한 자연물 소꿉놀이〉가 시작된다. 자연물 테이블 위에는 피자, 샌드위치, 케이크, 마시멜로 등 다양한 음식이 차려져 숲 속 잔치가 시작된다. 푸른 나뭇잎이 음식이 되기도, 그릇이 되기도 한다.

한층 자연물에 관심이 많아진 아이들. 아이들은 곳곳에 떨어져 있는 나뭇가지를 발견한다. 저마다 길이도, 두께도 다르다. 아이들은 나뭇가지를 모아 분류하고는 어떤 나뭇가지는 자동차가 되기도, 어떤 나뭇가지는 배가 되기도 한다.

자동차를 만들어 놀이하던 아이들은, "근데 우리 교실에서처럼 길을 만들면 어떨까?"라고 이야기하며 분류해 놓은 나뭇가지를 하나둘, 하나둘 내려놓으며 길을 구성해 간다.

또한 통나무 위에는 자연물 차가 설 수 있는 주차장도 만들어 놓아 자연물 교통 기관 놀이가 이루어진다.

길을 따라 움직이던 아이들, 갑자기 아이의 호기심이 가득 찬 목소리가 울려 퍼진다.

"야! 여기 봐, 여기!"

한 아이의 외침에 통나무 밑으로 아이들의 모든 시선이 따라간다.

그곳에 있었던 매미. 매미를 보니 유아들의 관심이 쏟아진다.

"근데 왜 매미가 움직이지 않지?"

"매미가 아픈가 봐."

"여기 봐! 여기도 있어!"

자연물로 놀이하던 유아들은 여름에 만날 수 있는 매미 친구에 대한 궁금증이 생기기 시작한다. 곳곳 나무에 붙어 있는 매미의 허물, 부모님과 함께 매미를 잡았던 추억, 하원 길 만났던 매미의 추억들을 삼삼오오 모여 이야기를 눈다.

아이들의 여름 숲, 덥고도 뜨겁지만 울창한 나무가 햇빛을 막아 주기 때문에 더운 줄도 모르고 시원한 그늘 아래에서 놀이가 계속된다.

카메라로 여름의 모습을 직접 담아 보았어요

"봐 봐! 내 말이 맞지? 나무 초록색이잖아."라고 이야기하며 사진을 찰칵 찍는다.
"나도 저기 나무 꼭대기에 올라가고 싶다."
이야기하며 높이 솟은 나무를 한참 동안 바라본다.
"나무야 고마워."라고 이야기하여 교사는 어떤 점이 고마운지 물어보니
"선생님이 이야기한 것처럼 나무 덕분에 시원해요!"라고 말한다.

나뭇가지를 모으던 중 친구를 부른다.
"여기, 여기! 매미!"라고 외치며 보물을 찾은 듯 다급한 목소리다.
카메라를 들어 사진을 찍어 남긴다. 함께 교실로 돌아와 우리가 찍은
사진을 살펴보지만, 어디에도 매미가 찍혀 있는 사진은 보이지 않는다.
"에이, 매미가 사진에 안 보이잖아."라고 이야기하지만 우리의 기억,
추억 속에 매미가 남아 있기에, 선생님이 뽑아 준 사진 위에 마음속에
자리 잡은 매미 그림을 그려 본다.

산꼭대기에 올라가서 풍경을 바라본다.
"어! 나 저기 갔었어."
"나도, 나도!"
"나는 저번에 저기 한강 공원 가서 자전거 탔어!"라고 말한다.
이야기하던 중 "야~호!"라고 외치기도 하는 친구들.
"이렇게 올라오니까 엄청 잘 보이네!"라고 이야기하며 경치를 즐긴다.
"이제 뭐 하러 갈까? 우리 저기로 가 보자!"라고 하며 사진과 이야기를
남기고는 자리를 이동한다.

숲에서의 아이들

강서구 꼬마 탐험가들의 숲 이야기

숲 체험의 확장
어린이집에서도 이어지는 내 친구 매미

아이들과 바깥에 나가 산책을 하며 놀이터로 이동한다.

지나가다가 보이는 나무에는 숲에서 봤던 매미 허물이 매일매일 붙어 있는 모습을 본다.

"저기 매미가 다시 찾아올까?"

궁금해하는 아이들은 저마다 상상의 나래를 펼친다.

계속 걸으며 신나는 목소리로 노래를 부르며 놀이터에 도착한다.

놀이터에 위에 있는 동산에도 들어가 자유롭게 매미를 찾기 시작하는 아이들.

아이들은 나무 밑에 떨어져 있는 매미 허물을 또 발견한다. 소중한 보물 다루듯 매미 허물을 들고는 교사에게 가져온다.

"선생님, 이거 우리가 지켜 주자요."라고 하며 교사에게 준다.

교사는 아이들과 같이 소중하게 교실로 가져가기로 한다.

교실 탐구 영역에 제공하니 유아들은 종이와 펜을 가지고 와 그림을 그리기 시작한다.

또 어떤 아이들은 루페를 가져와 관찰하기 시작한다.

아이들은 매미 허물의 무늬, 모양새 등을 관찰하며 흰 종이에 자신이 본 매미 허물의 모습을 자유롭게 표현한다.

매미뿐만이 아니라 여름 곤충에 관심을 보이는 유아들에게 교사는 다양한 여름 숲의 나무, 곤충에 대한 자료를 함께 제공한다.

유아들은 자료에 관심을 가지며 도화지에 매미만 표현하던 모습이 점차 여름 숲의 모습을 표현하며 여름 숲의 놀이가 확장되어 간다.

여름 숲에서 교사 주도가 아닌 유아 주도적으로 관찰 탐색을 할 수 있도록 도우며 자연스럽게 여름 숲의 모습을 찾아볼 수 있도록 돕는다.

또한 숲에서 끝나는 것이 아닌 일상생활에서도 바깥 놀이, 자유 놀이 시 자유롭게 푸르른 나무, 매미 등의 여름 곤충에 대한 여름 숲에 대한 놀이가 이루어질 수 있도록 상호 작용을 나누고, 다양한 자료를 제공하여 유아들의 놀이가 확장될 수 있도록 돕는다.

푸르른 여름 숲에서 놀이해요

활동 목표

- 여름이 되어 바뀐 숲의 풍경을 느낀다.
- 여름 숲에서 만날 수 있는 다양한 자연물로 놀이한다.

활동 장소: 방화근린공원, 궁산

준비물: 돗자리, 자연물 수집 바구니

개요	활동 과정
도입	* 자연과 인사를 나눈다. 숲아! 안녕? 지난 산의 모습과 어떤 점이 바뀌었나요? * 여름 숲에서 볼 수 있는 자연과 인사를 나누며 교감한다.
전개	* 여름 숲에 있는 다양한 자연물을 탐색한다. 여름 숲에서는 무엇을 만날 수 있나요? 푸른 나무가 많아요! 우리 숲에 있는 자연물로 무엇을 할까요? 여름 숲에 가장 많이 있는 푸른 나뭇잎, 나뭇가지, 자연물로 놀이해 볼까요? 피자를 만들었어요! 나뭇가지에 꼬치도 만들었어요! * 숲에 떨어져 있는 다양한 나뭇가지를 수집한다. 두께와 크기별로 분류한다. 나뭇가지를 모아 자동차, 배를 만든 뒤 길을 만들어 놀이한다. * 여름 숲에서 볼 수 있는 곤충이 있어요. 매미를 관찰해요. * 아이들은 여름 숲의 모습을 관찰하고, 놀이하고 싶은 자연물을 스스로 찾아 놀이하며, 여름 숲의 곤충도 탐색한다.

마무리	* 숲에서 보았던 자연에 대해 이야기를 나눈다.
	  자연에서 무엇을 보았나요?
	  어떤 놀이를 즐겼지요?
	
	* 숲에서 여름을 자유롭게 느낄 수 있었다.

5살 아이들의 여름 요약

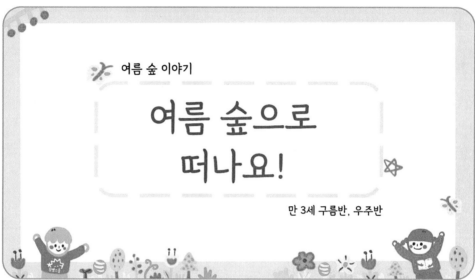

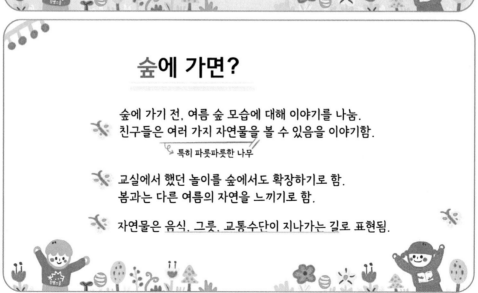

여름 산은 어떤 모습일까?

"여름 산은 어떤 모습일까요?"
"파릇파릇한 나무가 많을 것 같아요!"
"공기가 맑을 것 같아요."

아이들이 찍은
여름 산의 모습

✔ 실제 여름 산에 도착하니 파릇파릇한 나무들이 많았고 나무 사이에서 맑은 공기를 맡을 수 있었음.

1! 특별한 자연물 소꿉놀이

마시멜로

피자

케이크

샌드위치

✔ 숲에 떨어진 자연물은
우리가 평소 좋아하는 음식과 그릇이 되었어요!

2! 자연은 교통수단의 길이 되어요

"나뭇가지로 길~게 길을 만들어보자!"

"통나무 위는 주차장으로 하자!
자, 여기에 주차하세요~"

"자연물 자동차 멋지죠?"

✔ 다양한 길이의 나뭇가지로 길을 만들고 골목도 만들어요.
자연물 자동차가 지나가기도 하고, 친구와 함께 길을 건너기도 해요!

사후평가

🌱 봄에 갔던 숲의 경험을 바탕으로 여름 산 모습에 대한 기대감이 높아짐.

🌱 숲에 가기 전 함께 이야기를 나누어
산에서 할 놀이를 정하니 기대감이 높아짐.

🌱 교실에서 하던 놀이가 연계되어 숲에서도 이루어짐.

🌱 여름에 볼 수 있는 산의 모습을 충분히 느낄 수 있었음.

6살 아이들이 숲에서 만난 여름

여름의 시작을 알리는 6월, 올해 여름은 작년 여름보다 유난히 더 더운 듯하다.
초록빛을 내는 무성한 잎새와 색깔이 변하고 있는 열매를 보며 여름이 다가온 것을 안다.

살구잼 바른 도넛이에요! 맛있겠죠?

"선생님, 이건 무슨 열매예요?"

나무 아래, 떨어진 나뭇잎 속에 감춰진 노란 빛깔 열매를 주워 호기심이 가득한 눈빛으로 묻는다.

열매의 껍질에 코를 가까이 대고는 "아무 냄새도 안 나요."라며 의아한 표정을 짓는다.

"어떤 열매일까?"

아이들의 호기심을 자극해 본다.

그때, 무엇인가 결심한 듯 나무절구를 가져와 열매를 절구에 넣고 찧는다.

열매의 향을 맡고, 열매가 품고 있는 씨앗을 보기 위함이다.

절굿공이로 열매를 찧다 보면 열매의 향과 즙이 나온다.

"복숭아 냄새가 나는데?"

"물 같은 게 나와요!"

아이들이 환호성을 지르며 즐거워한다.

이 열매의 이름이 '살구'라는 것을 이야기하자 "빵 위에 바르는 잼 같아요!"라고 이야기하며 박스 조각을 도넛 모양으로 잘라 달라고 요청한다.

도넛 모양으로 자른 박스 조각 위에 숟가락 교구를 이용해 잼을 펴 바르는 시늉을 한다. 그리고는 "이건 바나나 맛 도넛이에요!"라고 말하며 노오란 나뭇잎을 박스 조각 위해 붙인다.

햇빛이 쩅쩅 내리쬐던 여름, 모자를 쓴 아이들이 숲으로 향한다.

숲에 올라선 아이들은 그늘을 찾아 두리번거린다.

나무 아래 잠시 햇빛을 피하던 아이들이 잠시 후, "이것 좀 봐요, 선생님!" 하고 큰 소리로 외친다.

매미 우는 소리

'맴맴.' 소리를 듣고 고개를 돌리자, 나무줄기에 매달려 울고 있는 매미를 발견한 아이들.

루페를 가져오고는 숨소리가 들리지 않을 정도로 조용히, 매미에게 쥐걸음으로 다가간다.

"쉿."

친구들과 눈빛 또는 손짓으로 신호를 보낸다.

울고 있는 매미가 눈치라도 챌까 채집 집게를 이용해 채집통에 재빨리 옮겨 담는다.

채집통 안에 낙엽도 넣어 주고 흙도 깔아 주며 매미의 보금자리가 완성된다.

하늘식당, 자연물로 만들어요

아이들이 무척이나 좋아하는 소꿉놀이. 여름의 숲에서는 어떤 모양새로 나타날까?

흙을 담아 고슬고슬 밥을 짓기도 하고, 솔방울 또는 낙엽을 모아 반찬을 만든다.

평소와 같이 소꿉놀이를 하고 있는 아이들이 김밥과 국수를 만들었다며 교사에게 가져다준다.

"얼마예요?" 하고 묻자,

"김밥은 나뭇잎 한 장이고요, 국수는 나뭇잎 세 장이에요!"

"아, 여기 식당인가요? 식당 이름이 뭐죠?"

"'하늘식당'이요!"

"이 식당 메뉴에는 무엇이 있나요?"

"솔방울 김밥도 있고… 이파리 국수도 있어요. 자연물로 만들어요!"

그래서 결정되었다. 우리 반 식당 이름은 '하늘식당: 자연물로 만들어요'.

갑자기 결정된 식당 이름에 아이들은 식당 간판을 만들고, 그 아래 메뉴판도 끼적인다.

광목천 위에 매직으로 슥슥 그려 내니 순식간에 그럴싸한 식당이 완성된다.

여름의 숲은 초록빛 잎새들이 햇빛 속에 반짝이고 있었으며, 꽃과 풀들이 무성하게 자라나 흙 위를 덮고 있었다.

카메라로 여름의 모습을 직접 담아 보았어요

무수히 많은 나뭇잎들 사이로 햇볕이 살며시 비친다.

"선생님! 신기하게 여기는 별로 안 더워요.
나뭇잎들이 햇빛을 가려 줘서 그런가?"

나무 아래에 앉아 한여름의 더위를 식힌다.

울창한 나무 사이로 맴맴 매미 소리가 울려 퍼진다.
루페를 들고 곧장 들리는 소리를 따라 곧장 나무로 향하는 아이들.
"여기 있다!"
매미를 발견하고는 소리친다.
"만지면 안 되고, 눈으로 관찰해야 해. 매미가 놀랄 수도 있어."
매미에게 조심스레 다가가 인사한다.

도마 위에 나뭇잎과 소나무잎을 여러 개 올려놓는다.
교사가 "바다 같은데?"라고 이야기하자 "바닷가면 배도 있어야죠!"라고
하며 나뭇가지를 손으로 부러트려 배를 만들고 갈매기도 표현한다.

"구름도 있어야 하는데…."
주변에 있던 작은 돌멩이 하나를 주워 구름이라고 칭한다.

숲과 점점 친해지는 아이들의 모습을 발견할 수 있었다. 아이들은 자연물을 놀잇감으로 삼아 놀이하고, 교사는 아이들과 끊임없이 질문하고 지원한다.

같은 역할 놀이지만 놀이 자료, 교사의 지원에 따라 놀이의 방향도 여러 갈래로 가지가 뻗어 나간다.

앞으로 또 다른 놀이로 숲을 가득 채우게 될까? 기대가 된다.

숲에서의 아이들

강서구 꼬마 탐험가들의 숲 이야기

강서구 꼬마 탐험가들의 숲 이야기

여름과 대화하기

활동 목표

- 지난봄과 여름의 달라진 숲의 모습을 관찰하고 숲과 좀 더 친해지는 계기를 삼는다.

활동 장소: 궁산, 방화근린공원

준비물: 구급약품, 물티슈, 절구, 유아용 카메라

개요	활동 과정
도입	· 인사 나누기 여름 숲과 만나기 * 식물, 생물 등 주변 자연환경에 고마운 마음을 표현한다.
전개	· 주변 자연물을 탐색한다. 주변에 있는 열매 알맹이, 솔방울, 소나무 잎에 관심을 보인다. · 자연물로 놀이한다. 여러 가지 자연물로 놀이할 수 있는 방법을 탐색하고, 시도한다. * 규격화된 놀잇감이 아닌 자연물을 활용해 다양한 경험을 한다.
마무리	· 오늘 활동한 것을 회상하며 마무리한다. * 자연물이 주는 즐거움에 대해 이야기 나누고, 놀이에서 더 필요한 자원에 대해 상호작용 한다.

만 4세 하늘반

숲에서 뭐하니?

-여름 편-

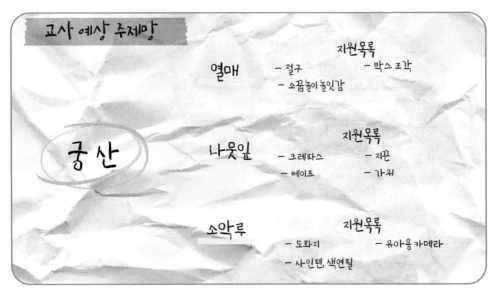

교사 예상 주제망

열매   지원목록
        - 절구   - 박스 조각
        - 소꿉놀이 놀잇감

궁산

나뭇잎   지원목록
        - 크레파스   - 지끈
        - 테이프   - 가위

소악루   지원목록
        - 도화지   - 유아용 카메라
        - 사인펜, 색연필

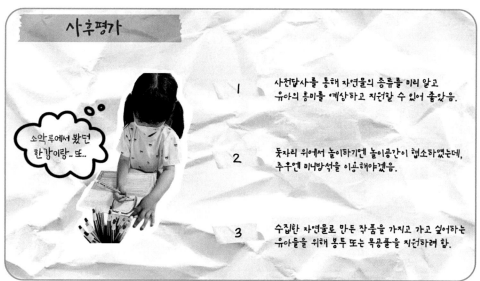

놀이의 발현

우와~ 매미 좀 봐!

이건 솔방울 김밥이에요.

일개미 잡았다.

간판 만들어야지! 하..늘..식당..

사후평가

1 솔방울, 나뭇가지 외에도 소나무 잎을 가지고 놀이하는 것에 흥미를 보이며 놀이가 이루어짐.

2 유아들의 관심사가 곤충 / 식당놀이로 나뉘어 나타났는데, 두 파트로 나뉘어 놀이하는 유아들에게 충분한 상호작용을 해주지 못한 것에 대한 아쉬움이 남음.

3 놀이시간이 부족하다고 이야기하는 유아들의 모습이 자주 보여 숲에서의 놀이시간을 좀 더 확장하면 좋을 것 같음.

4 지언 목록을 여러 가지로 제공해 주었더니 더욱 활발히 놀이하고 놀이가 다양하게 발현되는 모습이 나타남.

7살 아이들이 숲에서 만난 여름

여름 I

"궁산? 우장산이랑 다른 곳이에요? 거기도 재미있어요?"

교사에게 다가와 산의 이름에 대해 묻는다.

지난봄에 방문하였던 곳이 아닌 다른 장소로 숲 체험을 떠나기로 하여, 새롭게 만날 산에 대한 기대를 보인다.

지난봄, 아이들과 사전 계획하여 지원한 자원들은 빛을 발하지 못했다.

"'산'에는 자연물이 많으니 '어떤' 놀이를 하고 싶어요."라고 생각을 모아 봤으나, 실제 산을 가 보니 온 천지가 놀잇감이고, 놀이가 되고, 이야기가 되었다.

이번 여름 숲에서 아이들은 어떤 놀이를 구성할까? 너희들의 생각이 궁금해!

"지난봄 숲에서 아쉬웠던 점은 무엇이 있을까?"

여름 숲을 준비하며 아이들과 이야기를 나누었다.

아이들은 봄 숲에서 아쉬웠던 것은 나뭇가지로 만들고 싶은 게 있었으나, 생각만큼 완성되지 못한 점을 아쉬워했다.

그렇게 우리는 아쉬움을 반전시킬 만만의 놀이 준비를 하기로 했다.

바로 설계도 그리기! 삼삼오오 모여 설계도를 그린다.

"자, 설계도 준비됐나요?"

"네!"

숲에서 아이들은 숲길에 놓인 나뭇가지를 줍느라 여념이 없다.

작고 긴 것, 두꺼운 것, Y의 모양이 될 만한 것 등 나뭇가지를 작은 손으로 가득 움켜쥐고 바쁘게 탐험을 나선다.

점토를 붙여 길이를 늘이고, 얇은 가지들은 모아 고무줄로 묶는다.

각각 자신이 구성한 설계도를 따라 재료를 구하고 접착 재료를 선택한다.

구성이 잘 되는 아이들은 신이 난 듯 "여기 좀 보세요"를 외치고, 구성이 잘 안 된 아이들은 포기하지 않고 다시 숲길로 나서 재료를 구한다.

교실이면 어땠을까?
선생님의 손을 빌려 마지막을 완성하려 했을 것 같은데, 숲에선 잠재력만 발휘되는 것이 아닌, 끊임없는 연구의 열기와 끈기가 곳곳에서 나타났다.
선생님의 도움이 필요하지 않고 숲의 도움이 필요했다.
여러 자원이 가득하고 아낌없이 내어주는 숲과 친해져야 '나도 즐겁다'란 것을 알게 되지 않았을까?
숲아! 다음에도 부탁해!

여름Ⅱ
하늘하늘, 흔들흔들. 무엇인가를 작고 기다란 것을 흔든다.
저게 무엇일까? 점점 가까워지는 작고 기다란 것. 아! 강아지풀이구나!
강아지풀을 보여 주며 손에도 간질간질, 볼에도 간질이며 어린이집에 오는 길에 채집했다고 알려 주는 아이.
친구들은 탭으로 강아지풀을 검색해 보니 '여름'에 자주 볼 수 있는 식물이라는 것을 알게 되었다. 아이들은 당장 숲으로 가 보자고 하는데, 두 번째 여름 숲에 놀이는 '강아지풀'인가? 잠시 예측해 본다.

함께 모여 이야기를 나눈다.
방화근린공원의 지도를 보며 방문하게 될 숲에 대해 알아 가는 시간이다. 강아지풀에 관한 이야기가 계속 언급되며 "○○가 갖고 왔던 강아지풀, 거기에 가면 많아요?"라고 묻는다.
그래, 이번에도 아이들이 흥미 있어 하는 것을 중심으로 즐겨 보자! 우린 이번 여름 숲의 놀이 주제를 '강아지풀'로 이름을 정하고, 필요한 것들을 준비하기로 했다.

모임 장소로 향하는 길.
"선생님! 여기 강아지풀 밭이에요? 진짜 많아요!!"
모임 장소로 향하는 길도 잠시 멈추어 강아지풀을 탐구한다.
"이것은 길고… 이것은 끝이 보라색이네?"
강아지풀은 다 연두색이 아니었다.
숲에서 본 강아지풀들은 지구반의 친구들 모습처럼 아롱이다롱이 다 달랐다. 색이 진한 것도 있고, 풀이 더 풍성한 것도 있고, 아기 토끼 귀처럼 얇고 귀여운 것들도 있었다.

강아지풀을 채집해 벤치로 모인다.

"이건 빗자루야. 쓱쓱. 웃기지?"

"이건 토끼다? 요렇게 하면(묶는 중) 토끼 얼굴도 돼."

"이건 반지야. 어때?"

각자 자신이 채집한 강아지풀에 의미를 부여한다. 강아지풀은 새로운 이름을 받게 되었고, 쓰임이 달라졌다. 자신을 꾸며 주는 액세서리가 되었고, 친구와의 우정을 나누는 증표가 되었고, 다람쥐 세상의 작은 빗자루가 되기도 했다.

나뭇잎도 나뭇가지도 열매도 아닌 풀.

이전에 관심 있어 하던 자연물은 아니다.

아! 아니다. 이전엔 볼 수 없었던 녀석이었다.

발견했다 하더라도 내가 어린이집으로 오는 길에 있는 배경일 뿐이었을 것이다.

하지만 아이들의 보는 시각이 변화했다. 봄을 보내고 여름이 되자 주변 환경의 달라진 모습에 관심을 끌게 된 것이다.

배경이 아닌 '새로운 친구구나!'라는 새로운 관심과 자극이 되었다. 신대륙을 발견한 콜럼버스처럼 지구반은 콜럼버스가 되어 NEW 자연물을 발견했다. 자연환경의 변화를 미미하게 여기지 않는 '발견', 그것이 이번 지구반의 여름을 가장 잘 나타내는 단어이지 않을까?

카메라로 여름의 모습을 직접 담아 보았어요

울창한 나무들이 만들어 주는 그늘

무더운 여름날 어째서인지 숲 안에서는 서늘하고 시원하다.
쨍쨍한 햇볕이 숨었을까?
하늘을 바라본 아이들은 다름을 느낀다. 울창한 나무들이 만들어 준
그늘을 카메라에 담아 본다.
산들산들 흔들리는 나뭇잎과 그늘 속에서 평온함을 느낀다.
무더운 여름날은 숲속에선 시원하기만 하다.

흙의 머리카락

우거진 풀잎들을 보며 머리카락을 떠올린다.
지난봄보다 풀잎들은 숱도 많아졌고, 길이도 길어졌다.
그 점이 머리카락과 닮았다고 생각했을까?
풀잎을 카메라에 담아 본다.
풀잎 사이로 삐죽 예쁨을 나타내는 꽃도 있다.
머리카락 사이에 예쁜 헤어핀이라는 아이들이다.

졸졸졸 물소리

이마에 땀이 송글 맺히며 "더워요."를 외친다.
시원함을 느낄 수 있는 공간으로 향해 본다.
냇가에 도착하자 냇물의 소리에 시원함을 느껴 본다.
길고 가느다란 냇가지만, 숲에서 만나는 냇가는 특별하다.
카메라에 담아 본다.
물소리가 주는 느낌은 시원하고, 돌을 던져 풍당 나는 소리는 즐겁다.

빼꼼, 강아지풀

풀잎들 사이로 빼꼼 고개를 내미는 강아지풀은 참 귀엽다.
작은 것, 긴 것, 늘씬한 것, 통통한 것 등 각각 모양이 다르다.
그중 마음에 든 강아지풀 하나를 손 사이에 끼워 흔들흔들 흔들어 본다.
먼지를 터는 도구를 연상하거나 간지럽히는 도구를 떠올려 본다.

"아이들의 생각을 믿으세요."
지난봄, 교사가 깨달은 교훈은 '최소한의 준비도 때론 아이들의 생각을 제약할 수 있다'였다.
아이들의 생각을 믿고 발휘될 잠재력을 지지한다면 숲의 이야기를 꽤 다채롭고 풍성하고 상상 이상의
재미가 있다.

교실을 벗어난 숲에서의 아이들은 난제가 있더라도 스스로의 힘으로 문제점을 해결하려 시도하고 극복
하며, 유연한 모습을 보여 주었다.
이번 여름은 아이들만 새로운 자연환경의 모습을 '발견' 하는 것이 아닌, 교사 또한 숲에서 성장한 아이
들의 모습을 '발견'할 수 있었던 계절이 되었다.

여름의 발견

활동 목표

- 숲을 사랑하고, 자연을 보전하는 마음을 가진다.
- 숲의 다양한 자원을 활용하여 창의적인 놀이를 만들어 보는 기회를 제공한다.
- 봄의 숲 놀이를 확장하여 봄과 여름 숲의 같은 점, 다른 점을 느낄 수 있도록 기회를 제공한다.

활동 장소: 궁산, 방화근린공원

준비물: 요가 매트, 간식, 찰흙, 고무줄 외 유아가 요청한 자원

개요	활동 과정
도입	· 인사 나누기 안녕! 여름 산아, 반가워! 너의 여름 모습은 멋지구나? * 봄과 다른 여름 숲을 보고 느끼며, 표현하도록 돕는다.
전개	· 유아가 계획한 활동을 자유롭게 실행한다. 설계도를 보고 내가 원하는 놀잇감을 자유롭게 만든다. 여름에 자주 볼 수 있는 자연물을 활용하여 놀이를 구성한다. * 규격화된 놀잇감이 아닌 자연을 활용하여 내가 상상하는 것을 구체화되도록 상호작용을 나눈다.
마무리	· 지구반의 여름 숲의 놀이에 대해 이야기를 나눈다. 지구반이 느끼는 여름 숲은 어떠했을까? 봄과 다른 여름 숲의 모습을 표현하자면? * 숲의 변화된 모습에 관한 이야기를 나눔으로써 자연환경의 변화를 발견하고 이해하도록 돕는다.

여름을 어떻게 즐겨볼까?

 만 5세 지구반 숲 이야기

궁산(6월)과 방화 근린공원(8월)으로 향한 지구반의 여름

관심사 - 설계도(6월) , 강아지풀(8월)

 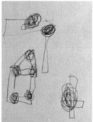 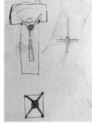 

설계도를 그린 뒤, 접착 재료를 상의
-> 고무줄, 찰흙으로 결정

강아지풀로 하고 싶은 것 찾아보기
_ 토끼만들기로 관심 형성

6월 궁산 - 설계도로 구성하기

 만 5세 지구반 숲 이야기

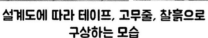

설계도에 따라 테이프, 고무줄, 찰흙으로
구상하는 모습

가장 설계도와
일치되도록 구상한
딱총

8월 방화근린공원 - 강아지풀놀이

8월 방화근린공원의 여름

강아지풀놀이 -> 바깥놀이로 확장

지구반의 여름 숲

활동의 A-Z까지 자신이 원하는 것을 연구하고 탐구의 지속을 높이며
자연물을 활용한 놀이에 유연한 사고를 발휘함.

1. 무엇을 하고 싶은지 계획

2. 무엇이 필요한지를 요구

3. 현장 상황에 따라 원하는 바를 이룸

4. 다음 숲에 대한 기대

유아주도성
UP

3장

풍성한
가을 숲이 좋아

데굴데굴, 데굴데굴, 도토리가 어디서 왔나?
콧노래가 절로 나오는 햇살 좋은 가을 숲!

♫ ♪ ♫ ♩

아이들에게 가장 훌륭한 환경은 '교육 본능을 잘 발현할 수 있는 곳'이라고 합니다. '아이다움'이 가장 잘 발현되는 곳, 편안함과 영감을 줄 수 있는 숲이 아닌가 싶습니다. 그 숲의 사계절 중 가을은 다양한 열매 그리고 다양한 색감의 자연물들이 우리 아이들을 더 바쁘게 하는 것 같습니다.

그래서 아이들은 숲에서 다양한 활동을 즐깁니다. 단풍잎을 주워서 예쁜 공예품을 만들기도 하고, 도토리를 모아서 작은 동물들에게 먹을 것을 나눠 주려고 저장 창고도 만들고, 가을의 색깔 변화를 관찰하고 나무 위에서 떨어지는 낙엽들을 쫓아다니며 놀이가 한창입니다.

그냥 지나쳤던 나무에게도 외로울 것 같다며 나무 밑에 도토리를 줄지어 놓아 주는 아이가 있는가 하면, 그래도 옆에 또 다른 나무가 친구가 되어 줄 수 있다는 아이도 있었답니다.
"나무에게 약속했어요!"
뭐라고 약속했는지 물어봤더니,
"사랑해 준다고요."
다섯 살 아이의 해맑은 생각이 왜 그리 예쁜지. 가을 하늘보다 숲을 통해 세상을 배우는 신원 아이들의 모습이 더 예뻤던 어느 가을의 숲이었던 것 같습니다.

강서구 꼬마 탐험가들의 숲 이야기

아이들은 가을의 특별한 향기와 분위기를 느끼며 자연과의 소중한 시간을 보냅니다. 이러한 가을의 경험은 아이들에게 자연을 사랑하고 존중하는 마음을 심어 주었습니다.

이번 가을에는 우리 아이들과 봄에 처음 갔던 우장산에 다시 데려가고 싶었습니다.

숲의 변화와 아이들의 놀이가 어떻게 변화되었는지…….

숲으로 오르면서 많은 것을 채집 주머니에 담을 수 없었던 봄과 달리, 가을의 숲에는 낙엽도 놀이가 되어 주고, 도토리가 장난감이 되어 주는 채집 가방에 담고 싶은 것이 많은 고마운 숲으로 우리 친구들에게 인사를 하네요~

이제 조금 더 컸다고 유아반 형님들은 가을 숲에서 하고 싶은 것들을 또래들과 사전 계획해서 갔다면, 우리 영아들은 눈으로 보이는 것, 귀로 들리는 것, 손으로 만지는 것들이 놀이가 되어 '벌레 먹은 나뭇잎이 안경이 되어 주고', '떨어지는 낙엽이 낙엽 눈'으로 도토리 뚜껑이 그릇이 되고, 인형 모자도 되어 주는 즐거운 시간을 보내고 왔답니다.

아이들과 숲에서 나누는 소소한 이야기들이 왜 그리 귀여운지…….

가을 숲에서 뛰어다니는 모습이 왜 그리 예쁜지……. 다음이 기다려지는 재미있고 행복한 시간이었습니다.

가을 숲의 특징

1 **단풍잎의 변화**: 가을은 단풍나무의 잎이 붉게 변하는 계절입니다. 숲은 다양한 색상의 단풍잎으로 물들어 멋진 풍경을 연출합니다.

2 **낙엽의 떨어짐**: 가을에는 나무의 잎들이 노랗게 변하고 떨어집니다. 산책하면서 낙엽 사이로 걷는 소리와 낙엽이 부서지는 소리는 가을 숲만의 특별한 분위기를 만들어 줍니다.

3 **동물들의 활동**: 가을은 동물들이 겨울을 준비하는 시기입니다. 숲에서는 다양한 동물들이 식량을 모으거나 둥지를 만들기 위해 바쁘게 활동합니다.

4 **가을 식물의 열매**: 가을에는 다양한 열매들이 숲에서 나타납니다. 도토리, 밤, 사과 등 다양한 열매들은 동물들과 자연에서의 생태계를 이어 주는 역할을 합니다.

5 **시원한 공기와 상쾌한 냄새**: 가을은 여름의 더위가 사라지고 시원한 날씨가 돌아오는 시기입니다. 가을 숲은 상쾌한 공기와 시원한 바람, 향긋한 나무 향기로 가득 차 있습니다.

가을 숲은 자연의 아름다움과 변화를 경험할 수 있는 특별한 장소입니다.

강서구 꼬마 탐험가들의 숲 이야기

강서구 꼬마 탐험가들의 숲 이야기

4살 아이들이 숲에서 만난 가을

가을을 찾아 떠난 친구들의 이야기
푸르고 높은 가을하늘, 바람에 흔들리는 나뭇잎 소리를 들어 본다.
떨어지는 낙엽을 주워 보는 아이들.
변해 가는 나뭇잎 색을 관찰하며 두 손에 꼭 쥐고 계단을 오른다.

"선생님, 도토리가 있어요!"
도토리를 주워 교사에게 보여 준다.
도토리를 요리조리 관찰하는 아이들.
만지작거리다 빠진 도토리 뚜껑을 보며 "도토리 모자다!" 하며 머리 위에 올려 본다.
다른 아이들도 관심을 보이며 이곳저곳 떨어진 도토리를 모아 본다.
도토리와 함께 떨어진 나뭇잎을 주워 선생님을 부른다.
"나뭇잎 진짜 크다!" 이야기하며 나뭇잎 뒤로 얼굴을 숨겨 본다.
나뭇잎을 머리 위에 올리며 "우산이다!" 하는 아이를 따라 다 같이 나뭇잎 우산을 만든다.

알록달록 가을 친구들을 만나요
알록달록 낙엽을 밟으며 하나, 둘, 하나, 둘, 발을 맞춰 산을 오르는 아이들.
낙엽, 도토리, 솔방울을 주우며 자연물을 관찰한다.
모아 온 자연물을 이용해 종이 위에 올려 본다.
"토끼 너무 귀엽지?"
아이들 저마다 나만의 동물을 이야기한다.
다른 아이들도 좋아하는 동물의 얼굴을 표현해 본다.
솔방울을 머리 위에 올리며 토끼가 되어 보기도 한다.

신호등 색을 가진 가을 숲!
알록달록한 자연물을 탐색해 보아요

숲에서 주워 온 도토리 뚜껑에 흥미를 보인다.
집을 만들고 싶어 하는 아이들에게 점토를 준비해 준다.
점토로 집 모양을 만들며,
"내 집은 도토리 지붕이 있어."
"나는 뾰족뾰족 집이야." 하며 도토리 뚜껑과 솔잎으로 집을 꾸며 본다.

솔방울을 발견한 아이들이 양손 가득 모아서 온다.
교사가 그릇을 준비해 주니 그 안에 솔방울을 모아,
"솔방울 밥이에요."
"피자도 먹어요."라며 다양한 자연물을 담아 음식을 만들어 본다.

"초록색 나뭇잎도 있고 주황색 나뭇잎도 있고 빨간색 나뭇잎도 있어."
"우와, 신호등 같아."
"선생님, 열매들 가져가고 싶어요."
교사는 비닐봉지를 나누어 준다.
돗자리 위에서 하얀 종이를 나누어 주고, 채집한 자연물을 올려 볼 수
있도록 한다.
"어라? 이렇게 올려놓으니까 얼굴이에요."
"눈, 코, 입."
아이들이 자연물로 자유롭게 다양한 모양을 만들며 놀이한다.

채집한 자연물을 제공해 준다.
아이들은 나뭇잎을 탐색하며 숲의 모습을 떠올린다.
"숲에는 빨간색, 주황색, 노란색 나뭇잎이 있었어요."
"신호등 같았어요."
알록달록한 나뭇잎으로 나만의 동물을 표현한다.

숲 체험의 확장
숲에서 볼 수 있었던 다양한 자연물

숲에서 채집한 자연물을 관찰하며 관심을 보이는 아이들,
자연물로 교실을 꾸며 주자는 아이들의 말에 자연물 리스를 만들기로 한다.
동그라미와 세모, 네모 등 다양한 모양을 만들고 물감으로 색칠하며 리스를 만든다.
리스를 교실과 복도에 걸어 두니 숲의 분위기가 물씬 느껴진다.

바스락거리는 낙엽을 만져 보는 아이,
힘을 주어 움켜쥐니 낙엽이 바스러지며 작은 조각이 된다.
"부서진 낙엽을 다시 맞춰 볼까?"
낙엽 그림 위에 조각을 하나씩 붙여 보며 놀이한다.
여러 종류의 낙엽 조각들이 모여 알록달록한 낙엽이 완성되었다.

"도토리는 다람쥐가 먹어." 도토리 뚜껑을 보며 이야기한다.
교실에 있는 다람쥐 그림으로 가서 다람쥐 입에 도토리를 붙여 준다.
각자 숲에서 채집한 자연물로 자유롭게 놀이하는 아이들이다.

교사 tip

아이들은 달라진 숲의 모습에 관심을 가지며, 자연물들을 탐색하며, 자연물을 이용한 놀이가 이루어진다.
아이들이 알록달록해진 나뭇잎을 가지고 신호등을 떠올리고, 나뭇잎에 눈알 스티커를 붙이며 자연물도
생명체라고 생각하며 소중히 다루는 모습을 보였다.

숲의 변신

활동 목표

- 신호등처럼 알록달록하게 변신한 숲을 탐색한다.
- 떨어진 낙엽을 보며 가을 숲의 풍경을 느낀다.

활동 장소: 용왕산

준비물: 눈알 스티커, A4 용지, 위생백, 물, 간식 등

개요	활동 과정
도입	· 자연과 인사를 나눈다. 용왕산아, 안녕? 나뭇잎이 색이 변하고 있어요! * 계절이 바뀌며 변한 숲의 풍경을 탐색한다.
전개	· 숲에서 다양한 색의 나뭇잎을 찾아본다. 가을이 되면 나뭇잎이 알록달록하게 변해요. 한번 찾아볼까요? 여기 빨간색, 초록색, 노란색 나뭇잎이 있어요! · 나뭇잎을 이용하여 놀이가 이루어진다. 나뭇잎이 신호등 같아요! 나뭇잎 왕관이에요! * 나뭇잎에 눈알 스티커를 붙이며 나뭇잎을 친구라고 생각하고, 자연을 소중히 여기며 놀이가 이루어진다.
마무리	· 여름에 갔던 숲의 풍경과 달라진 점에 대해 이야기를 나눈다. 가을의 숲의 모습은 어땠나요? 숲에서 본 자연물은 무엇이었나요? * 계절이 바뀌면 자연의 모습도 변하는 것을 알아 간다.

강서구 꼬마 탐험가들의 숲 이야기

4살 아이들의 가을 요약

나뭇잎 무늬 도장찍기 자연물 리스 꾸미기 다람쥐에게 먹이 주기

신호등 색과 비슷한 가을 낙엽을 탐색해요

어라? 이거는 초록색잎이네~

나는 알록달록한 낙엽 왕관을 썼어!

나는 하얀 종이에 자연물들을 올려봤어!

짜잔! 초록잎이 빨갛게 변신했어요!

우장산 - 사후활동

자연물을 이용하여 동물, 집 표현하기

🍂 사후평가

*용왕산에는 넓은 운동장과 숲이 있어 넓은 운동장에서는 아이들이 자유롭게 뛰어
 놀이할 수 있었고 숲에서는 도토리가 많이 있어 도토리 열매를 탐색할 수 있었습니다.

*용왕산에는 계단이 많이 있어 영아들에게는 힘들 수 있겠다는 생각이 들었지만 아이들이
 힘들어도 씩씩하게 오르며 숲에 도착하였을 때 뿌듯해하는 모습을 볼 수 있었습니다.

*우장산을 봄에 가보았을 때와 어떻게 달라졌을지 기대하며 숲에 오르는 모습을 볼 수 있었고
 전에는 볼 수 없었던 도토리와 도토리를 먹고 있는 청설모의 모습을 볼 수 있어서 좋았습니다.

*아이들이 도화지 위에 자연물을 올려보며 동물, 얼굴 등을 만든 작품을 원으로 가져가고 싶어
 하였으나, 이동 중 작품이 망가질 거 같아 두고 왔는데, 아쉬워하는 아이들의 표정을 보면서 다음
 에는 재료를 좀 더 다양하게 준비해야겠다는 생각을 하였습니다.

5살 아이들이 숲에서 만난 가을

하늘이 맑고 파란 가을의 아침이다.

아침저녁으로는 시원함을 느끼고, 낮에는 아직 여름이 가지 않으려고 떼를 쓰는 듯 더운 날씨를 느끼기도 한다.

아이들은 가을로 변화한 숲의 모습이 어떨지 이야기를 나눈다.

교사가 질문한다.

"우리가 바깥 놀이 갔을 때 가을의 모습은 어떠했나요?"

교사의 물음에 아이들은 저마다 가을에 보았던 자연에 대해 느낀 것을 이야기한다.

"놀이터 가는 길에 나뭇잎이 엄청 많이 있었어요."

"솔방울도 많이 주웠었지."

교사는 그럼 많은 솔방울과 낙엽으로 무엇을 하면 좋을지 물어보니, 유아들은 눈빛이 초롱초롱하며 각자의 생각을 이야기한다.

"자연물을 엄청 많이 모을래요!"

"음, 아! 던지기 놀이 하면 어때요?"

"동화책에 나온 것처럼 동물도 만들 수 있을 것 같은데?"

과연 가을 숲에서는 어린이집 인근 놀이터로 산책 가는 길에서 보았던 가을 자연물을 볼 수 있을까? 궁금해하며 설레하는 아이들이다.

버스를 타고 숲으로 출발하는 길,

"역시 나뭇잎이 많이 떨어져 있네!"

흥미로운 목소리가 버스 안에 울려 퍼진다.

숲에 도착하니 땅에 떨어진 가을 자연물을 먼저 발견할 수 있었다.

솔방울, 도토리, 나뭇잎 등을 살피며 한두 개씩 채집하다가, 두 손에 다 들어오지 않는 자연물을 나무 의자에 올려놓는다.

한 아이의 모습을 보며 다른 아이도 따라 자연물을 의자 위에 모은다.

그러다 보니 친구와 함께 모은 자연물을 탐색한다.

가을 숲의 첫 놀이는 자연물 분류 놀이로 시작된다.

먼저 도토리와 도토리 깍정이(아이들 대부분은 '모자'라고 표현한다), 가지각색의 솔방울을 종류별로 분류한다. 그리고 작은 크기부터 제일 큰 자연물까지 나란히 줄을 세운다.

"도토리에 모자 씌워 볼까?"

"이건 작고, 이게 맞겠다!"

자연물로 기초적인 분류 작업을 하며 같은 크기끼리 짝짓는 것에 흥미를 가지게 된다.

숲에 오기 전 추석을 맞이하여 원에서는 다양한 전통놀이를 즐겼다.

추석의 놀이를 경험 삼아 가을 숲의 두 번째 놀이는 자연물 전통놀이로 흘러간다.

"우리 동그라미 안에 도토리 던져서 골인하는 그 놀이 해요!"

"아, 투호놀이!"

투호놀이가 언급되자 아이들은 길쭉한 나뭇가지, 고운 낙엽, 열매를 모으고 원을 만들어 투호 통을 표현한다.

"다들 줄 서. 내가 먼저 던질게!"

아이들은 저마다 다르게 표현한 화살을 자연물로 만든 원 안에 반복적으로 던진다.

전래 놀이도구를 사용했을 땐 '못 넣으면 안 되는데.'라는 긴장감이 보였지만, 자연물로 투호놀이를 하니 성공과 실패보단 시도하며 즐기는 모습을 보였다.

또 한 가지 전통놀이, 죽방놀이를 경험한다.

미리 준비한 종이컵에 마 끈을 달았고, 아이가 채집한 솔방울을 달아 통통 튀기며 종이컵 안에 골인해 보기도 한다.

솔방울은 자연물 중에서도 아이들 사이에서 가장 많이 쓰이는 많은 열매 중 하나임을 알게 되면서, 아이들은 이야기한다.

"다음 추석에도 숲에 와요!"

"그땐 무슨 전통놀이 하지?"

"동물 친구들도 놀러 왔으면 좋겠어요."

"우리가 만들어 보자!"

가을을 느낄 마지막 숲 놀이, 낙엽으로 동물 친구를 만들기 시작한다.

떨어진 낙엽이 지천에 깔려 있고, 아이들은 부지런히 낙엽을 모은다.

다양한 모양, 다양한 색의 낙엽을 모아 각양각색으로 조합하여 동물들을 만들어 낸다.

낙엽뿐만 아니라 들풀이나 나뭇가지도 활용하여 동물 친구들을 만들어 내고, 친구들과 만든 동물 가족으로 역할 놀이가 이루어진다.

시원한 가을이라는 계절의 다양한 변화를 인식하면서, 자연물 놀이로 큰 기쁨을 얻는 아이들이다.

카메라로 가을의 모습을 직접 담아 보았어요

"친구야! 빨리 이리 와 봐. 여기 밤송이 있어!"라고 말하며 다급하게 친구를 부른다. "우와, 한번 만져 볼까?"라고 말하자, 친구들은 "찔릴지도 몰라."라고 말한다. 아쉬운 듯 발로 툭툭 차던 친구들. "이렇게 하면 축구공 같네?"라고 말하다가 비어 있는 안쪽을 발견한다.
"이건 다람쥐가 먹었나 보다."
"다람쥐야, 맛있게 먹어~"라고 말하곤 자리를 떠난다.

가을이 되어 다시 방문한 우장산에서 예전에 봤었던 나무집을 발견한다. 자연물을 모아 놀던 친구들은 "여기다가 우리가 집을 만들어 주자!"라고 말한다. 친구들 여럿이 모여 나뭇가지 집, 솔방울 집, 도토리 집을 만든다.
"이것 봐! 다람쥐가 좋아하겠어."
나뭇가지 집을 보더니 "여기는 누가 좋아할까?"라고 말하며 생각해 보기도 한다. 다시 이것저것 모으더니 모은 자연물을 한쪽에 합치기도 한다.
"이제 여기 집은 다~ 좋아할 거야."
"빨리 누가 왔으면 좋겠다!"라고 말하며 미소를 짓는다.

카메라를 들고 나무의 사진을 찍는다.
"왜 색이 변하지 않을까?"
궁금증을 가진다.
이리저리 생각을 하다가 "아직 많이 춥지 않아서 그런가…."라고 하며 말끝을 흐린다.
선생님이 함께 무슨 나무인지, 이 나무도 색이 변할지 이야기를 나누어 보며 궁금증을 해결해 나간다.

숲에서의 아이들

강서구 꼬마 탐험가들의 숲 이야기

숲 체험의 확장
곳곳에서 볼 수 있는 가을 낙엽

등원 길이나 바깥 놀이를 나가 산책을 하며 곳곳에서 가을의 흔적을 찾아본다.
"선생님, 산에서 봤던 낙엽이네요?"
"우리 낙엽으로 또 놀자!"
역시 낙엽은 아이들에게 최고의 놀잇감이 된다.
숲에서는 낙엽으로 한두 가지의 동물 친구들을 만들었다면,
초록색 나뭇잎을 발견한 아이는 사마귀라고 표현하며 더 다양한 동물을 만들어 낸다.
"더 큰 숲에 가서 더 많이 놀아요!"
아이는 자연에서 배운 가치들을 품고 성장하는 기회가 되었다.

교사 tip

숲에서 주운 자연물이 놀잇감으로 활용되기 위해 아이들에게 최소한의 재료를 제공한다.
교사가 준비한 재료가 자연물 전래 놀이 교구와 동물을 표현할 때 사용된다.
하지만 아이들은 자유롭게 다양한 방법을 생각하고 시도하며 숲 놀이를 즐긴다.
아이들은 자연스럽게 행복해진다.

숲에서 가을을 맘껏 느껴요

활동 목표

- 가을 숲에서 계절의 변화를 느낀다.
- 자연에서 주운 다양한 자연물로 친구들과 놀이를 즐긴다.

활동 장소: 용왕산, 우장산

준비물: 돗자리, 자연물 수집 바구니, 자연물 전통놀이 필요 도구

개요	활동 과정
도입	· 가을 숲과 인사를 나눈다. 　가을 숲아! 안녕? 　가을의 풍경은 어떠한가요? ＊ 가을 숲에서 볼 수 있는 자연과 인사를 나누며 교감한다.
전개	· 숲에 떨어진 가을 자연물을 탐색한다. 　가을 숲에서는 어떤 친구들을 만날 수 있을까요? 　나뭇잎(나뭇가지, 솔방울, 도토리 등)이 엄청 많아요! 　우리 가을 숲에 떨어진 자연물로 무엇을 할까요? · 가을 자연물을 분류해 보고, 자연물은 놀이 도구가 된다. 　자연물을 종류별로 나누며 비교해 볼래요! 　자연물로 투호놀이, 죽방놀이를 해 보자. · 낙엽으로 숲에서 함께 놀 수 있는 동물을 만든다. 　어떤 동물을 만들어 볼까요? 　부엉이, 강아지, 다람쥐 등 나만의 동물을 만든다. ＊ 가을 숲을 탐색하는 아이들은 자연에서 주운 다양한 자연물들을 활용한 놀이를 　경험한다.

강서구 꼬마 탐험가들의 숲 이야기

마무리	· 가을 숲에서 보았던 다양한 자연물에 대해 이야기를 나눈다. 이번 가을 숲에서는 무엇을 보았나요? 어떤 놀이가 가장 재미있었나요? 우리 숲에서 한 놀이를 또 해 볼까요? * 가을 숲에서 새로운 시각과 놀잇감으로 즐기는 모습이다. 숲에서 놀이 할 때엔 관심이 커지고, 숲에서의 놀이가 교실까지 이어진다.

5살 아이들의 가을 요약

가을 숲에 가면?

✓ 숲에 가기 전 아이들과 가을 숲의 모습이 궁금 /
어떤 놀이를 할 것인지 이야기를 나눔.

✓ 어린이집 인근에 산책 갔던 경험을 회상하며
알록달록한 낙엽, 솔방울이 있을 것이라고 예상함.

=> 따라서, 가을 자연물로 놀이하기로 결정

가을 숲에서 놀아요!

✓ 첫 번째! 가을의 자연물을 발견했어요! 도토리의 생김새가 다르다는 것을
알게 되었고, 자연물을 크기 순대로 나열하기도 해요.

가을 숲에서 놀아요!

두 번째! ✔자연물로 추석에 하는 전통놀이도 할 수 있어요!

가을 숲에서 놀아요!

세 번째! ✔자연물로 동물들도 만들어보아요!
다양한 색과 모양의 나뭇잎을 조합하니
각양각색의 동물 친구들이 생겼어요.

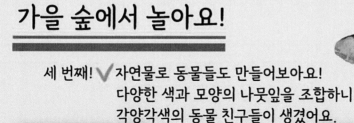

아이들의 시선에서 바라본 가을

사후평가

✓ 우리나라 전통놀이를 교구가 아닌
  자연물로 놀이하는 것에 매우 흥미로워함.

✓ 낙엽은 아이들에게 최고의 놀잇감이 됨.
  특히, 낙엽으로 만드는 미술놀이는 인기 있는 놀이가 됨.

✓ 숲을 다녀온 후, 바깥놀이에서 가을 자연물로 하는
  놀이가 지속적으로 이어지는 모습을 관찰할 수 있었음.

강서구 꼬마 탐험가들의 숲 이야기

6살 아이들이 숲에서 만난 가을

자연이 주는 선물이 가득한 숲으로 향하는 길.
꽃과 나무, 곤충 등 살아 있는 숲과 관계를 맺고 살아가는 우리들.
우리의 삶은 계절과 함께한다.
아이들의 놀이에도 가을이 묻어난다.

부지런한 다람쥐

어느새 여름이 가고 가을이 왔는지 서늘한 바람이 분다.
아이들도 바람을 따라 계절이 가을로 변화함을 느낀다.
"숲에서 다람쥐가 도토리 모으고 있는 것 아니야?"
킥킥거리며 기대감에 부푼 아이들의 표정이 보인다.

숲에 도착한 아이들. 나무 밑동 가까이 떨어져 있는 도토리 깍정이를 발견한다.
"도토리 머리만 있고 도토리는 없네."
"다람쥐가 벌써 다 가져갔나 봐. 진짜 빠르다."
실망과 감탄을 동시에 하는 아이들.
아무리 눈을 씻고 찾아봐도 도토리는 없고, 도토리 깍정이뿐이다.

이가 없으면 잇몸으로! 도토리 가족을 만들다

도토리로 놀이하고 싶었던 아이들은 아쉬워하기도 잠시, 지점토를 뜯어 도토리의 얼굴을 만들어 도토리 모자를 씌워 준다.
"도토리 눈도 붙여 줘야지!"
눈알 스티커도 떼어 지점토로 만든 도토리 얼굴에 붙인다.
하나, 둘…. 계속해서 도토리 얼굴을 만들더니 도토리 대가족이 생겼다.
도토리깍정이에 나뭇가지를 꽂아 지붕을 만들어 도토리 가족의 집도 한 아름 선물한다.

깊어 가는 가을, 숲에는 알록달록 나뭇잎이 가득 떨어져 있다.
아이들은 자연스럽게도 낙엽에 관심을 가지고, 낙엽을 이용한 놀이가 이어진다.
"선생님, 우리 숲이 온통 낙엽으로 뒤덮였어요!"
"나뭇잎이 다 다르게 생겼어."

낙엽 물고기의 탄생

다양하게 생긴 낙엽을 가지고 루페를 이용해 빤히 들여다본다.

"나뭇잎 모양이 물고기 같지 않아?"

매직을 이용해 낙엽 위에 물고기의 눈을 그려 넣고는 방시레 웃으며

"고기를 잡으러 산으로 갈까요~" 노래를 흥얼거린다.

물고기를 잡자!

만든 낙엽 물고기로 낚시 놀이에 흠뻑 빠진 아이들.

이번에는 낙엽 물고기를 잡기 위한 낚싯대를 만들 생각인가 보다.

교사 곁으로 빠르게 달려오더니 "선생님, 이것 좀 쓸게요!" 한다.

재료 바구니에서 가위와 지끈을 꺼내 적당한 길이로 자른다.

"끈이랑 나뭇가지 좀 연결해 주세요."

나뭇가지에 끈을 연결하고 끈 끝에는 낙엽 물고기를 연결한다.

낙엽을 활용해 나뭇가지와 다양한 자연물을 섞어 다양한 놀이를 만든다.

교사가 준비해 주는 환경보다 아이들의 상상이 더해진 놀이는 더 풍성하고, 다양함을 느낄 수 있다.

카메라로 가을의 모습을 직접 담아 보았어요

여러 개로 엉킨 나뭇잎 사이로 나타난 세 잎 클로버.
"세 잎 클로버다!"라고 외치며 교사를 향해 해맑게 미소를 짓는다.
소리를 듣고 여기저기서 모여든 아이들.
"세 잎 클로버끼리 모여 있네."라고 이야기한다.
교사가 "지금 우리들도 세 잎 클로버 같아~ 옹기종기 모여 있잖아."라고
이야기하자 까르르 웃는다.

"저기 봐요! 나뭇잎이 빨간색이 됐어요."
"단풍잎이다!"
빨갛게 물든 단풍을 보고 신기한 듯 소리친다.
나무 밑에 쌓인 단풍 낙엽을 보더니,
"가을에는 빨간 이불이네."라고 이야기하며 봄에 놀이했던
낙엽 이불을 회상하고, 계절에 따라 달라지는 나뭇잎의 색을 안다.

"선생님! 제가 찍은 사진 좀 보세요! 무지개 같지 않아요?"
유아용 카메라로 찍은 사진을 다 함께 관찰한다.
"왜 무지개 같아?"
"여기에 빨간색도 있고, 초록색도 있고, 노란색도 있고, 하늘색도 있어요!"
라고 손가락으로 가리키며 신이 난 듯 이야기한다.

교사 tip

숲 놀이를 하면서 자신이 놀이의 주체가 되었을 때 "오늘 진짜 재미있었어!"라고 이야기하는 아이들.
주어진 환경에 얽매이지 않고 마음껏 놀이를 할 때가 가장 재미있고 즐거워 보인다.

숲에서의 아이들

강서구 꼬마 탐험가들의 숲 이야기

강서구 꼬마 탐험가들의 숲 이야기

숲과 함께 성장하다

활동 목표

- 한층 성장한 숲과 성장한 우리를 비교하며 숲과 함께 살고 있음을 느낀다.

활동 장소: 용왕산, 우장산

준비물: 구급약품, 물티슈, 유아용 카메라

개요	활동 과정
도입	· 인사 나누기 　가을 숲과 만나기 * 식물, 생물 등 주변 자연환경에 고마운 마음을 표현한다.
전개	· 주변 자연물을 탐색한다. 　주변에 있는 낙엽, 나뭇가지, 도토리에 관심을 보인다. · 자연물로 놀이한다. 　여러 가지 자연물로 놀이할 수 있는 방법을 탐색하고 시도한다. * 규격화된 놀잇감이 아닌 자연물을 활용해 다양한 경험을 한다.
마무리	· 오늘 활동한 것을 회상하며 마무리한다. * 자연물이 주는 즐거움에 대해 이야기 나누고, 놀이에서 더 필요한 자원에 대해 상호 작용 한다.

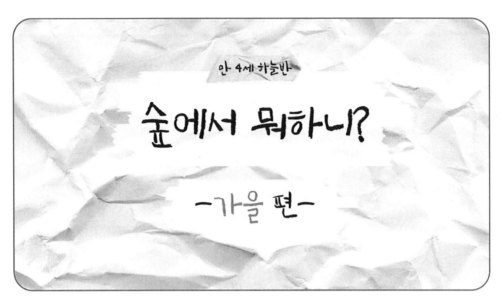

만 4세 하늘반

숲에서 뭐하니?

-가을 편-

교사 예상 주제망

용왕산

도토리 깍정이 — 지점토
— 나무도마

지원목록
— 칼라점토
— 눈알스티커

나뭇가지
&나뭇잎 — 지끈
— 테이프

지원목록
— 가위

곤충
— 채집통
— 채집 집게

지원목록
— 루떼

놀이의 발현

점토로 도토리 얼굴을 만들었어요!

도토리한테 집을 만들어주자~!

도토리 모자를 쓴 눈사람이에요~

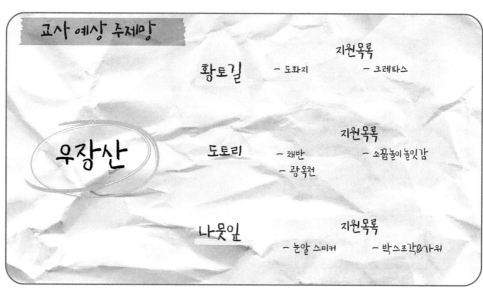

교사 예상 주제망

우장산

황토길
　　－ 도화지

지원목록
　　－ 크레파스

도토리
　　－ 채반
　　－ 광목천

지원목록
　　－ 소꿉놀이 놀잇감

나뭇잎
　　－ 눈알 스티커

지원목록
　　－ 박스조각&가위

놀이의 발현

물고기라고? 그럼 낚시대가 있어야지

지끈을 자르고.. 이걸 나뭇가지에 연결하면..

일개미 잡왔다!

낚시대 완성!!!

나뭇잎에 눈알을 붙였더니 물고기 같아!

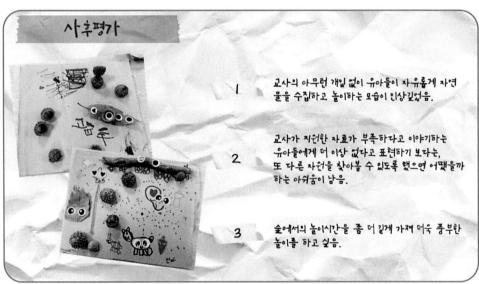

사후평가

1 교사의 아무런 개입 없이 유아들이 자유롭게 자연물을 수집하고 놀이하는 모습이 인상깊었음.

2 교사가 지원한 자료가 부족하다고 이야기하는 유아들에게 더 이상 없다고 표현하기 보다는, 또 다른 자원을 찾아볼 수 있도록 했으면 어땠을까 하는 아쉬움이 남음.

3 숲에서의 놀이시간을 좀 더 길게 가져 더욱 풍부한 놀이를 하고 싶음.

7살 아이들이 숲에서 만난 가을

여름과 가을 사이
"선생님, 얼마큼 가요? 우리 등산하러 가요!"
버스에서 하차 후 산으로 향하는 입구를 지나 오르막길을 만나자, '등산'을 하잔다.
산의 입구를 지나며 오늘은 무엇을 하고 싶은지를 표현하는 아이들이다.

한참을 걷다 한숨을 "후~" 내쉰다.
"선생님, 그늘이 있어 다행이에요."라고 말하는 친구의 이야기에 솔깃한 듯 여러 아이들은 "산에는 원래 그늘이 있어."라며 어깨를 으쓱하며 산에 대해 잘 아는 박사님이 된 듯 보인다.

모임 장소로 향하는 길, 숲 바닥에서 주운 깍정이를 보여 준다.
"내가 주웠어."
"나도 가지고 싶다."
"저기 많아!"
손으로 가리키는 곳이 오늘 우리의 숲 체험 주제 놀이가 된다.
깍정이가 있는 곳으로 발걸음이 향하며 노래를 흥얼거린다.
이마에 땀이 송글송글 맺혀 있지만, 새로운 놀이 소재를 발견한 기쁨에 얼굴엔 미소가 번진다.

절기상 '입추'가 지난가을 계절에 속하는 시기지만, 아직은 날씨가 뜨거운 여름과 같다.
주변의 풍경도 가을의 느낌보다 푸릇한 여름에 더 가깝다.
'아이들은 이번 숲 체험에서 가을의 계절을 어떻게 느낄 수 있을까, 놀이의 발견은 어떻게 이루어질까' 궁금하였던 것들이 '깍정이'를 통해 해소되는 순간이다.

"여기 깍정이 아이스크림이에요. 더운 여름날 먹으면 시원해요."
"저도 하나 주세요~ 아이스크림 더 없어요?"

깍정이의 크기가 다 다르듯, 놀이를 담는 이야기도 풍부해진다.
그릇, 썰매, 파인트 아이스크림, 패밀리 아이스크림, 꼬불꼬불한 파마머리 등 깍정이 하나로 꽤 많은 극 놀이가 만들어졌다.

삼삼오오 모여 깍정이를 줍고, 옮기고, 놀이를 만드는 데 여념이 없다.

숲에 오르는 길에 발에 채이던 열매의 조각이 이리 재미있는 놀이 소재가 된단 말인가.

지난 숲에서는 발견하지 못한 새로운 소재였고, 떡갈나무의 주인공인 도토리도 아닌, 도토리의 받침인 깍정이다.

'가을'을 떠올리면 아이들은 경험의 풍부함으로 도토리를 연상한다.

하나, 오늘 우리는 '가을' 하면 떡갈나무의 새로운 주연 '깍정이'를 떠올릴 수 있게 되었다. 깍정이, 아주 재미있는 녀석이야!

가을과 겨울 사이

쌀쌀한 날씨에 외투가 도톰하다.

모임 장소로 오르는데 도톰한 외투의 지퍼를 내린다.

산에 오르는 것으로 몸의 열기를 가하고, 쌀쌀한 날씨를 내 몸의 체온에 맞게 만드는 것을 느낀다.

낙엽을 밟으며 바스락, 바스락 소리를 만들어 보고, 쿵 쿵 뛰어올라 낙엽이 바스러지는 데 재미를 느낀다.

"선생님, 감자 과자 같아요."

"선생님도 밟아 보세요!"

그래, 이 순간에만 만들 수 있는 소리겠구나.

마음껏 느껴 보자.

"우장산에 다시 오니 무엇이 달라졌나요?"

선생님의 이야기에 눈을 크게 뜨며 주변의 모습을 이야기한다.

"낙엽도 있고요. 색이 어두워요."

"여기 밤송이도 있어요."

"밤송이 안에 밤은 없네요?"

"여기 밤이 있을지 몰라요. 높이 더 올라가고 싶어요!"

'밤송이', 위험한 재료일까?

뾰족뾰족한 것이 아이들을 다치게 하진 않을까?

숲의 여러 자원을 알아 가는 것, 놀이를 만들어 가는 것, 아이들이 경험하며 배워 가는 데 충분한 소재가 될 수 있다면 괜찮지 않을까?

뾰족하고, 조심해야 한다고 하면 아이들은 더 호기심이 높아진다.

만져 보고 싶고, 뾰족한 밤송이 안을 들여다보고 싶고, 밤송이가 재미있게 느껴지는 모양이다.

밤송이를 들여다보기 위해 안전한 방법을 모색하기로 한다.
"장갑을 주세요."
"나무젓가락이 필요해요."
"긴 막대는 어때요?"

장갑도 나무젓가락도 없다는 말이 나가기 무섭게 "우리가 나무젓가락을 만들어요."라는 말에 아이들의 시선이 모인다.

젓가락질이 쉬운 우리 일곱 살.
조작할 수 있는 나무 막대들을 찾아 밤송이 젓가락을 만든다. 뚝딱! 젓가락 완성. 이제 밤송이는 너희들의 놀잇감이 되겠구나.

젓가락으로 들어 올린 밤송이들을 한데 모아 '밤송이 창고'를 만든다.
운동화로 밤송이를 밟아 안을 들여다보는데, 밤이 있는 것도 있고 없는 것도 있다.

밤송이에 마른 밤들은 보물이 되었다.
여기도 저기도 아이들은 "찾았다!"를 외치며 보물을 다루듯 밤을 모은다.
밤송이 창고엔 금세 밤송이들이 가득해지고, 역할도 나뉜다.
젓가락으로 밤송이를 조달하는 택배 팀. 밤송이를 발로 여는 생산팀. 밤송이 창고를 관리하는 관리팀 등 우장산은 지구반의 밤송이 창고가 되어 갔다.

홀쭉한 도토리 발견!
"찾았다!"
밤송이 창고 옆, 다른 보물을 찾았다.
바로 홀쭉한 도토리. 아이들은 작은 열매를 발견하곤 "도토리 같아."라며 신기해한다.
오, 새로운 자원이구나. 기술을 활용해 무엇인지 알아보자.
물체를 카메라로 스캔하여 알아보니 이 열매는 '때죽나무 씨앗'이다.
때죽나무 씨앗은 창고로 만들기엔 수량이 적었다.
하지만 때죽나무 씨앗은 밤송이 열매보다 더 귀한 보물이 되었다.
작은 씨앗으로 산속 나무들의 이름을 찾아 주었다.
"이 나무의 이름은 무엇이에요?"
나무의 이름을 알기 위한 힌트는 무엇이 될까?

카메라로 가을의 모습을 직접 담아 보았어요

독버섯 아니야?

잘린 나무의 겉에 버섯들이 옹기종기 모여 있다.
잘린 나무는 쉼이 되어 주는 의자가 되어 '앉아 볼까?'
다가간 나무의 겉면에 버섯을 보고 신기해한다.
이 버섯은 독버섯일까, 아닐까를 두고 이야기를 나눈다.
"이 버섯은 독버섯이 아냐. 색깔을 보면 알 수 있어."라는 결론을 내린다.

깍정이 가족

손가락 위에 깍정이를 올려 모자라고 한다.
모자의 오돌토돌한 무늬와 크기는 다양했고, 가장 마음에 드는
모자들을 골라 본다.
깍정이 모자를 모아 보니 가족이 생각났나 보다.
카메라에 담고 친구들에게 "할머니, 할아버지, 엄마, 아빠, 나, 누나"를
알려 주며 가족을 소개한다.

와! 밤송이야!

밤송이를 보니 가을이 온 것을 다시 느낀다.
뾰족한 밤송이의 가시는 어떻게 생겼을까?
발견하자마자 흙 위에 쪼그려 앉고 가까이 다가가 사진을 찍어 본다.
밤송이를 들어 보고 싶은데 방법이 없을까?
선생님이 알려 준 나무젓가락 방법을 사용하자!
밤송이를 들며 보물을 발견한 듯 웃는 아이들이다.

붉게 변하는 잎사귀들

봄, 여름 숲을 다녀와 보니 가을 숲에서 다름을 발견했다. 색이 붉게 변하
고 있는 잎사귀들을 카메라에 담아 본다. 푸른 것도 있고, 붉은 것도 있다.
해가 비추는 곳, 해가 덜 비추는 곳에 따라 잎사귀의 색이 서로 다른
속도로 변하고 있음을 알게 된다.
그러자 색이 변한 곳과 아닌 곳을 계속 찾아가며 해가 있네,
없네를 하하호호 웃으며 발견한다.

조연도 주연이 될 수 있어요.

도토리와 밤은 다 어디 갔을까요?
껍데기만 남은 깍정이와 밤송이는 숲 터전에서 살아가는 동물 친구들의 식량이지요.
아이들은 숲속 동물 친구들이 겨울잠을 나기 위해 식량을 모아 두었다고 생각합니다.
그렇게 쓰임을 다 한 깍정이와 밤송이는 가을을 나타내는 주연이 되었지요.

여러 숲을 탐방하며 그곳에서 새로운 소재를 발견해 가는 재미를 더 하고 계절의 변화를 체감하며 자연
환경에 대해 알아 갑니다.
알록달록한 잎이 없어도, 낙엽이 없어도, 열매가 없어도 숲은 가을, 겨울을 날 준비를 하고 있습니다.
그 과정을 아이들이 발견하며 다가올 겨울철의 숲을 느낄 수 있어요.

숲에서의 아이들

강서구 꼬마 탐험가들의 숲 이야기

조연이 주연이 되는 가을 숲 놀이

활동 목표

- 숲을 사랑하고 자연을 보전하는 마음을 가진다.
- 숲의 다양한 자원을 활용하여 창의적인 놀이를 만드는 기회를 제공한다.
- 유아의 시선에서 놀이 소재를 발견하고 유희하는 시간이 되도록 지원한다.

활동 장소: 용왕산, 우장산

준비물: 찰흙, 고무줄, 아크릴 사인펜 등

개요	활동 과정
도입	· 인사 나누기 안녕! 가을아, 반가워! 너의 모습은 어때? * 가을을 나타내는 자연물을 찾아본다.
전개	· 유아가 계획한 활동을 자유롭게 실행한다. 자연물을 활용하여 놀이를 구성한다. * 가을을 나타내는 소재로 다양한 놀이를 구성할 수 있도록 유아를 지지하고 격려한다.
마무리	· 지구반의 가을 숲의 놀이에 대해 이야기를 나눈다. 숲의 모습은 어떠했을까? 다른 계절과 다른 오늘의 숲을 표현하자면? * 숲의 변화된 모습에 관한 이야기를 나눔으로써 자연환경의 변화를 발견하고 이해하 도록 돕는다.

7살 아이들의 가을 요약

 만 5세 지구반 숲 이야기

가을을 어떻게 즐겨볼까?

용왕산(9월)과 우장산(10월)으로 향한 지구반의 가을

관심사 - 여름에 보았던 것

강아지풀이 또 보고 싶어요.

지금이 가을이에요?
도토리가 있을까요?

 만 5세 지구반 숲 이야기

9월 용왕산 - 가을 찾기

도토리 모자구나!
내 이름은 꽉정이

강아지풀을 찾아볼래요

이게 뭐에요?

9월 용왕산 – 꽉정이 놀이

꽉정이 접시
(아이스크림)

꽉정이 나무

꽉정이 썰매

10월 우장산 – 쌀쌀한 가을

쌀쌀해요.
낙엽이 너무 많아요.
밤 송이가 있어요.
뾰족뾰족 만져봐도 돼요?

🍃 만 5세 지구반 숲 이야기

밤송이 모으기

젓가락 도구로
밤송이 들어보기

열리지 않은 밤 송이
사이에 막대를 끼워요.

10월 우장산 - 열매 가을

🍃 만 5세 지구반 숲 이야기

때죽나무 씨앗

만 5세 지구반 숲 이야기

지구반의 가을 숲

봄, 여름을 지나 가을에 만난 숲의 모습을
반가워 하고 발견 된 소재들을 놀이에 응용함.

1. 무엇을 하고 싶은지 계획

2. 무엇이 필요한지를 요구

3. 현장 상황에 따라 원하는 바를 이룸

4. 다음 숲에 대한 기대

4장

추운 겨울 숲아,
내가 친구가
되어 줄게!

♪ 나는 눈이 좋아서 꿈에 눈이 오나 봐~
온 세상이 모두 하얀 나라였죠, 어젯밤 꿈속에~ ♫

겨울철 유아들의 숲 놀이 활동은 아주 흥미롭습니다.

겨울은 유아들에게 자연에서 새로운 경험을 즐기기에 좋은 계절이며, 숲 놀이는 유아들에게 다양한 놀이 학습과 재미를 제공할 수 있습니다.

겨울 숲은 추울 거라는 걱정과는 달리 적당한 추위와 신원 아이들만을 기다린 듯~ 겨울이라 타 교육 기관의 방문이 없고, 인적이 드물어 신원 아이들이 마음껏 뛰어놀기에 적당한 최고의 자연 놀이터가 되어 주었답니다~

아이들에겐 겨울 숲이 마냥 좋은 기억으로 남길 바라는 마음에 아이들 체온 조절을 위해 유아반은 놀이에 앞서 산행을 통해 기초 체온을 올려 준 뒤 놀이를 시작하였고, 영아반은 숲 체험장에서 마음껏 뛰어논 뒤, 넓은 숲에서 자연과 하나가 되어 놀았던 시간이었습니다.

"까치가 배가 고파서 왔나 봐요!"

겨울나무가 앙상한 걸 보고 날아다니는 새들이 먹거리가 없다고 생각이 들었는지 새에게 먹을 것을 주자는 한 아이의 말에, "다람쥐도 배가 고플 거야!", "토끼도 배가 고플 텐데!"

다른 친구들도 동요되어 동물들에게 먹을 것을 주자는 의견이 나오자,

"그런데 어떻게 주지?"

동물 친구들이 먹을 도토리와 새들이 먹을 빵조각을 끼워 나무에 걸어 준 우리 귀요미 달님, 해님 친구들~

추운 겨울 찾는 이가 없어 외로울 것 같다며, 편지를 걸어 준 우리 만 3세 친구들~

자연이 놀이가 되는 형님반은 낙엽을 솜 삼아 푹신한 썰매를 만들어 겨울 썰매 놀이에 시간 가는 줄 몰랐던…. 오늘이 가장 행복한 양 많이 웃으며 놀았던 하루였습니다.

매달 찾는 숲 활동은 어디에 가든, 어디에 있든 그 자체가 영·유아반 친구들의 놀이가 되어 주고 무대가 되어 주는 것 같아서 얼마나 감사한지….

자연이 우리 신원 친구들을 기다려 주는 것처럼 날씨 또한 아이들이 뛰놀기에 한없이 좋았던 겨울 숲이었습니다.

겨울 숲의 특징을 활용한 활동

1 숲에서 산책: 유아들과 함께 숲으로 산책을 나가 보세요. 겨울 풍경을 감상하고 자연의 소리와 향기를 느낄 수 있습니다. 나뭇가지, 돌, 나뭇잎 등 다양한 자연 소재를 활용하여 유아들에게 자연의 다양성을 알려 줄 수 있습니다.

2 자연 찾기: 유아들과 함께 숲속에서 자연을 찾아보세요. 개울, 작은 동물들의 흔적, 나무껍질 등 자연의 다양한 요소들을 찾아가면서 유아들의 관찰력과 호기심을 자극해 줄 수 있습니다.

3 숲에서 놀이: 숲속에 도구나 장난감을 가져가지 않고 자연의 재료들로 놀이를 해 보세요. 나뭇가지로 집을 짓거나, 나뭇잎으로 예쁜 공예품을 만들거나, 눈으로 덮인 땅에서 눈사람을 만들어 보는 등 다양한 상상력을 발휘할 수 있습니다.

4 자연 예술: 유아들에게 자연에서 찾은 소재들을 활용하여 예술 작품을 만들어 보세요. 예를 들어, 나뭇잎으로 동물 모양을 만들거나, 얼음 조각을 색칠해 보는 등 창의성을 자극하고 예술적 감각을 키울 수 있습니다.

5 숲에서 이야기: 숲에서 동화나 이야기를 읽어 주는 시간을 가지세요. 유아들은 숲속에서 듣는 이야기에 특별한 감성을 느낄 수 있습니다. 숲의 생명력과 자연의 소중함에 대해 이야기하며 유아들의 상상력과 이해력을 발달시킬 수 있습니다.

겨울철 유아들의 숲 놀이 활동은 자연과의 교감을 통해 유아들의 센스와 창의력을 키우는 좋은 기회입니다. 숲속에서의 경험은 유아들의 자연 애착과 환경 인식을 증진시키며, 건강한 성장과 발달을 도울 수 있습니다.

4살 아이들이 숲에서 만난 겨울

겨울을 찾아 떠난 친구들의 이야기

가을에서 겨울로 계절이 바뀌며 계절의 변화를 느껴 본다.

추워진 날씨로 푸릇한 식물이 자라는 실내 식물원에 도착하여 관찰해 보는 아이들, 추운 바깥 날씨에 갈색 낙엽과는 달리 따뜻한 식물원 안은 초록색으로 뒤덮여 있다.

"선생님, 여기는 나뭇잎이 진짜 커요!"

"선생님, 나무에 가시가 많아요."

따뜻한 온도에서 자라나는 식물들을 관찰해 보며 호기심이 가득한 아이들.

내 손보다 큰 나뭇잎들, 내 키보다 큰 나무들을 올려다본다.

바깥으로 나와 식물원과 다른 낙엽들을 주워 "선생님, 이 나뭇잎은 별 모양이래요! 주황색이네?"라며 날씨에 따라 다른 나뭇잎에 대해 이야기해 본다.

겨울잠을 자는 동물들을 위한 먹이

추운 겨울 날씨에 숲에 도착한 아이들은 신나게 달린다.

낙엽이 떨어진 나무를 보며 "춥겠다. 안아 줄게~" 하며 나무를 꼭 안는다.

나무 뒤로 보이는 숲 놀이터에 관심을 보이는 아이들은 미로 속을 달려 보기도 하고, 나무 뒤로 숨어 보기도 한다.

나무 징검다리에 올라 중심을 잡으며 "짜잔~" 하고 자랑한다.

나무 아래 수북하게 쌓인 낙엽을 밟아 보는 아이,

푹신하게 들어가는 발에 재미있는지 웃으며 "침대 같다!" 하고 그대로 눕는다.

"내가 이불 덮어 줄게."라며 한가득 낙엽을 모아 날린다.

겨울잠 자는 동물들이 먹이를 모아 놓는 다는 이야기에 관심을 가졌던 아이들은 숲에서 까치가 우는 소리에 "까치가 배고픈가 봐~ 우리 간식 줘야겠다." 하며 관심을 가진다.

솔방울, 다양한 곡식을 이용해 동물들의 먹이를 만들어 본다.

아이들이 직접 만든 버드피더를 나뭇가지에 걸어 보며 "동물들아, 맛있게 먹어~" 하고 이야기한다.

그렇게 동물들을 생각하는 마음을 알아 가는 아이들이다.

앙상한 겨울 숲! 배고픈 동물 친구들에게 줄 먹이 선물을 만들어 보아요

나무에 둘러진 짚을 보고 "이거는 뭐예요? 나무가 옷을 입었네?"라며 질문한다.
다른 나무를 탐색하다 보니,
"이 나무는 옷이 없어."
"춥겠다. 내가 안아 줄게."
하며 서로 나무를 따뜻하게 안아 준다.

큰 돌을 발견하여 "진짜 커요."라며 들어 본다.
"내가 더 큰데?" 이야기하며 큰 돌을 한곳에 동그랗게 모아 본다.
모인 돌 사이로 들어가며 "여기 우리 집이야." 하며 앉는다.

아이들과 겨울 숲에 대해 이야기를 나눈 후 숲속에 살고 있는
동물에게 먹이를 직접 만들어 볼 수 있도록 한다.
"새들아, 기다려."라고 이야기한 후 솔방울 사이에 밀가루 반죽과
곡물을 넣는다.

아이들이 직접 만든 동물 친구들의 먹이를 앙상한 나뭇가지에 걸어 본다.
"이제 새들도, 동물 친구들도 깜짝 놀라겠지?"
"우리 기다려 보자."
"하나, 둘, 셋, 넷…."
새들이 날아온다.
"(속삭이며) 우와, 새들이 왔어. 저기 좀 봐."
"새들아, 맛있게 먹어."라고 말하며 뿌듯한 미소를 보인다.

숲 체험의 확장
어린이집에서도 하자!

바깥 산책을 나가는 길에 날아다니는 새를 바라보는 아이들,
"저 까치도 뻥튀기가 먹고 싶은가 봐~"라고 이야기한다.
교사가 "놀이터 까치한테도 먹이를 줄까?" 하니 "네!"라며 대답한다.

다음 날, 숲에서 만들어 본 버드피더를 교실에서 만들어 본다.
만든 버드피더를 하나씩 손에 들고 놀이터로 향하는 아이들.
빈 나뭇가지에 버드피더를 걸어 보며 "맛있게 먹어~" 이야기한다.

"까치가 언제 먹을까?"라고 물어보니,
"우리가 가고 나면 먹으러 온대~ 다 먹으면 또 주자."라고 답한다.

교사 tip

겨울을 주제로 겨울 동물 동화책에 관심을 가지던 아이들은 숲 체험을 가기 전, "숲의 동물들이 무엇을 먹을까?" 하고 궁금해하며 이야기를 나누게 된다.
새들의 먹이가 될 수 있는 솔방울, 곡식들을 이용해 숲에 버드피더를 만들며 놀이가 이루어진다.
자연 속 동물들의 소중함을 알고 아이들의 다양한 생각을 이야기해 보며 숲을 알아 간다.

겨울 숲의 친구는 무엇을 먹을까?

활동 목표

- 겨울이 되어 바뀐 숲의 풍경을 느껴 본다.
- 겨울 숲에 자연물을 무엇이 있는지 관찰한다.

활동 장소: 봉제산

준비물: 돗자리, 버드피더(강냉이, 곡식, 밀가루 반죽, 솔방울)

개요	활동 과정
도입	· 자연과 인사를 나눈다. 　겨울 숲아, 안녕? 　겨울나무는 추워요. * 숲에서 볼 수 있는 자연과 인사를 나누며 관찰한다.
전개	· 겨울 숲에 다양한 자연물을 찾아본다. 　겨울 숲에는 무엇이 있을까? 　나뭇가지가 많아요! · 겨울 숲에 새들을 관찰한다. 　까치가 배고픈가 봐요. 　까치한테 우리 밥을 걸어 줘요. · 돌멩이, 나뭇가지, 나뭇잎으로 모양을 만든다. 　우리 집을 만들자! * 겨울 숲에서 동물들의 먹이가 없어 만들어 주면서 소중함을 알고, 겨울 숲의 자연물로 다양한 놀이가 이루어짐을 알 수 있다.
마무리	· 숲에서 버드피더를 만들었던 이야기를 나눈다. 　버드피더는 누구에게 주는 건가요? 　어떤 동물들이 먹었을까요? * 겨울의 숲에서 동물들을 위해 다양한 곡식으로 먹이를 선물해 줄 수 있음을 알고 소중함을 느낀다.

4살 아이들의 겨울 요약

● 물감으로 그린 서울 식물원

"날씨가 더운 곳에서 지내요"

"뾰족뾰족 가시가 있어~!"

"와~키 크다"

"나뭇잎이 뾰쪽해!"

"색깔이 변하고 있어"

"거미줄이 같이 털이 있네"

"갈색이네"

● 서울 식물원 - 사후 활동

● 계절, 날씨 비교 카드를 만들기

동물 친구들에게 나누는 봉제산

"나무가 추워요~~"

"나무 다리를 건너요"

"돌멩이 집이야~~"

"낙엽 침대네"

봉제산 – 사후 활동

"까치가 배가 고픈가봐~!"

● 버드피더 만들기, 눈 사람 만들기

🔵 사후 평가

- 서울 식물원에서 따뜻한 날씨 속에서 사는 식물들을 관찰할 수 있었음. 우리나라에서 볼 수 있는 식물들과 다르게 잎이 뾰족하거나 더 넓음. 처음 보는 식물의 생김새들에 대해 흥미를 가지고 관찰하는 모습을 보임. 바깥에서 겨울 식물들과 더 자세히 비교해보았으면 더 좋았을 것 같음.

- 봉제산에 미로 같은 길을 걷고, 뛰어보며 놀이가 이루어짐. 나뭇잎과 돌멩이가 많이 있어 영아가 관심을 많이 보임. 돌멩이가 집으로 만들어지기도 함. 떨어진 나뭇잎을 눈이라고 생각하며 나뭇잎을 뿌리는 놀이가 이루어지고 나뭇잎을 이불이라고 생각하며 나뭇잎들이 다 떨어진 나무를 보고 덮어주기도 하였음.

- 겨울의 숲에 대해 이야기를 나누며 먹을 것이 부족한 동물들에게 먹이를 주고 오자는 이야기가 나옴. 버드피더를 만들어 빈 나뭇가지에 걸어줌.

5살 아이들의 숲에서 만난 겨울

낙엽이 하나둘 떨어진 후 겨울이 찾아왔다.

옷도 두꺼워지고, 나가서 놀기에 너무 추운 날씨지만, 숲에 언제 가는지 궁금해하는 아이들이다.

금방이라도 숲에 가고 싶은 마음을 달래며 교실에서는 아이들과 함께 겨울 숲에는 무엇이 있을지, 어떤 놀이를 찾을 수 있을지 이야기를 나누어 본다.

교사의 질문에 아이들은 각자의 생각들을 이야기하기도 하고, 친구와 생각을 나누어 보기도 한다.

"나뭇잎이 다 떨어져 있을 거예요!"

"근데 그럼 나무가 외롭지 않을까?"

"아! 그럼 우리가 친구를 만들어 주면 되겠다!"

겨울 숲은 춥고 나뭇잎도 다 떨어져 있고, 나무는 외로울 것 같다고 걱정하는 아이들과 함께 어떤 친구를 만들어 주면 좋을지 생각을 나누어 보니, 동물 친구, 낙엽 친구 등을 만들어 주고 싶다고 이야기한다.

끝없는 생각을 펼치는 아이들과 겨울 숲에서는 어떤 이야기들이 만들어질까?

드디어 숲에 가는 날. 아이들은 삼삼오오 모여 숲에 갈 준비를 한다.

아직 오지 않은 친구를 기다리던 아이들은 교실을 둘러보다가 색연필과 종이도 가방에 챙긴다.

버스를 타고 겨울 풍경을 바라보며 달리다 보니 겨울 숲에 도착한다.

아이들은 숲에 수북이 떨어져 있는 낙엽들을 발견하고는 "봐! 내 말이 맞지?"라고 하며 교실에서 했던 이야기와 지금 걷고 있는 숲의 모습이 똑같은 것을 보며 흥분하는 아이들이다.

아이들은 자유롭게 숲을 탐방하기 시작한다.

언덕을 오르고 오르니 한 아이가 이야기한다.

"선생님! 아까는 엄청 추웠는데, 이제는 하나도 안 추운데요?"라는 말에 옆 친구들이 모두 공감하며 더욱이 신나게 등산한다.

추운 겨울바람 속 아이들은 포근함을 느낀다.

겨울 숲에서 아이들의 시선이 첫 번째로 향하는 곳은 땅에 무수히 떨어져 있는 낙엽이다.

아이들은 낙엽으로 놀이를 시작한다.

낙엽을 한곳에 모아 놓고는 트램펄린을 타는 것처럼 방방 뛰기 시작한다.

푹신푹신한 낙엽을 느끼고는 예쁜 낙엽들을 모아 가을에 만들었던 낙엽 동물을 다시 만들어 보기도 하고, 동화책에서 봤던 모습대로 낙엽이 귀, 머리, 몸, 다리가 되며 여러 낙엽이 모여 동물 친구가 만들어지기도 한다.

낙엽을 길게 이어 팔찌와 목걸이도 만들어 보는 아이들이다.

낙엽 목걸이를 목에 걸고는 아이들의 시선은 하늘 높이 솟아 있는 나무를 따라간다.

"근데 나무가 외롭지 않을까? 흠….

아이들은 나무의 감정을 생각하기 시작한다.

그러고는 교실에서 이야기했던 것이 생각나는지 교사에게 색연필과 종이를 찾는다.

아이들에게 전달해 주니 삼삼오오 모여 앉아 그림을 그린다.

그림 속에는 토끼, 고양이, 곰 등 여러 동물 친구들이 등장한다.

몇 분의 시간이 흐른 뒤 아이들은 교사에게 다가온다.

"선생님 이거 나무에 걸어 주고 싶은데 어떻게 할까요?"라는 말에 교사가 끈을 꺼내 종이에 걸어 주니, 바로 나무에 달려가기 시작하는 아이들이다.

나무에 자신의 그림을 걸어 주고는 이야기한다.

"나무야! 심심하게 살지 말고! 행복하게 살아!"

나무들은 아이들의 마음을 느꼈을까?

아이들의 그림 친구 때문이 아닌, 아이들의 진심 어린 마음으로 따뜻함을 느낄 수 있을 것이다.

나뭇가지에 선물을 걸어 주며 "어! 이거!"라고 말하는 아이들.

아이들의 시선이 큰 나무에서 이번에는 나뭇가지에 끄트머리에 있는 '겨울눈'으로 향한다.

지난번에 동화책에서 봤던 겨울눈을 돋보기로 관찰하는 아이들이다.

교사가 아이들에게 교실에서 이야기를 나누었던 나무의 물소리도 들어 보면 어떨지 제안하니 아이들이 "저요! 저요!" 하며 교사가 준비해 온 청진기를 가져간다.

이 나무, 저 나무 돌아다니며 비가 내린 물을 나무들이 잘 먹고 있는지 찾아본다.

이렇게 아이들은 나무의 삼투압 현상도 알아 간다.

아이들은 저마다 겨울나무에게 다양한 방법으로 인사하고는 더욱 높이 산을 오른다.

등산하니 보이는 것은 먼저 놀이를 하고 있던 형님들. 아이들은 흥분하며 형님들이 놀이하던 곳으로 뛰어가기 시작한다.

그곳에서는 형님들이 썰매를 타고 있다.

눈도 안 내렸는데 썰매를 타고 있는 형님들의 모습이 신기하다.

형님들은 도착한 동생들을 보더니 빨리 이쪽으로 오라고 손짓한다.

그리고는 시작된 낙엽 썰매!

눈길처럼 미끄럽지 않아 끌어 주어야 하지만, 아이들에게는 형님들이 있으니 문제없다. 서로서로 돌아가며 낙엽 썰매를 즐기는 아이들이다.

이렇게 겨울 숲은 우리에게 따뜻함과 포근함, 즐거움을 선물해 준다.

우리만 선물을 받을 줄 알았더니, 반대로 아이들을 통해 겨울나무도 선물을 받는다.

어른이 아닌, 아이들의 생각으로 이루어진 겨울 숲에서의 시간은 서로서로가 선물이 되어 주는 정말 값진 시간으로 기억에 남기를 바라 본다.

카메라로 겨울의 모습을 직접 담아 보았어요

아이들이 땅에 떨어져 있는 나뭇가지를 바라본다.
"이 나무들은 모여 있으니까 외롭지 않겠어."
"나무야, 우리랑 같이 놀래?"라고 하더니 봄, 여름, 가을에 놀았던
나뭇가지 놀이를 생각하며 함께 놀이한다.
다시 나뭇가지를 모으더니 낙엽을 모아 덮어 준다.
"우리가 춥지 않도록 해 주자!"라고 하며 나뭇잎을 가득 가지고 와
나뭇가지를 덮어 준다.
"잘 지내!"

아이가 낙엽의 사진을 찍는다.
선생님은 이 사진은 어떤 마음으로 남기는 건지 물어보자,
"조금 외로울 것 같아요."라고 한다.
"그럼 우리가 어떻게 도와줄 수 있을까?"라는 질문에 "아! 그럼 내가 우리
집으로 데려갈까요?" 하며 낙엽 하나를 손에 쥐고 친구에게 달려간다.

동화책에서 본 겨울눈이다.
"여기도 있어! 여기도 있는데? 엄청 작아!"라고 하며
흥미롭게 바라본다. 돋보기로 관찰하기도,
카메라로 여러 겨울눈을 찍기도 하는 친구들의 모습이다.
"이제 따뜻해지면 여기서 싹이 나올 거예요."라는 선생님의 이야기에
"우와~!" 하며 연신 감탄하는 아이들이다.

숲에서의 아이들

　강서구 꼬마 탐험가들의 숲 이야기

숲 체험의 확장
이 나무는 왜 나뭇잎이 그대로지?

원 인근 동산에 가기 위해 산책하며 걷던 아이들.
풍경을 보며 걷던 아이들이 손짓하며 이야기하기 시작한다.
"근데 겨울나무는 나뭇잎이 없는데, 왜 저 나무는 나뭇잎이 안 떨어졌지?"
아이들의 시선에 도착한 곳은 바로 소나무이다.

교사는 아이들의 궁금증을 기억하고는 교실에 와서 이야기를 나눈다.
"아까 동산에 가다가 나뭇잎이 있는 나무를 봤나요?"라고 질문하니 아이들은 "왜 그
나무는 나뭇잎이 있어요?"라고 말한다.
교사는 사계절 내내 변하지 않고 서 있는 소나무에 관해서 설명을 해 주니 아이들은
감탄하며, 다음에는 소나무랑 놀고 싶어 하는 모습이 보인다.

이렇게 아이들의 겨울 숲의 놀이와 생각은 확장한다.

교사 tip

봄, 여름, 가을 숲을 경험한 아이들에게 겨울
숲의 모습은 어떨지 사전에 이야기를 먼저 나
누어 보며 겨울 숲의 모습에 대한 기대를 할 수
있도록 한다.
또한, 겨울 숲에서는 어떤 놀이를 할 수 있을지
스스로 계획하고 준비할 수 있도록 돕는다.
숲에 도착해서는 아이들이 자유롭게 탐색할 수 있도록 기회를 주며, 아이의 질문과 요구에 적절하게
상호 작용 해 주며 지원한다.

추운 겨울 숲아, 내가 친구가 되어 줄게!

활동 목표

- 겨울이 되어 바뀐 숲의 풍경을 느낀다.
- 낙엽으로 할 수 있는 놀이를 스스로 결정하고 놀이할 수 있다.

활동 장소: 부천 생태공원, 봉제산

준비물: 색연필, 종이, 끈, 루페, 도화지, 색 막대

개요	활동 과정
도입	· 자연과 인사를 나눈다. 숲아! 안녕? 지난 산의 모습과 어떤 점이 바뀌었나요? * 겨울 숲에서 볼 수 있는 자연과 인사를 나누며 교감한다.
전개	· 겨울 숲에 있는 다양한 자연물을 탐색한다. 겨울 숲의 모습은 어떤가요? 낙엽이 많이 떨어져 있어요. 나무에 나뭇잎이 없어요. (1) 낙엽으로 놀이해요. 낙엽으로 무엇을 만들까? 낙엽 목걸이, 팔찌를 만들어요. (2) 외로워 보이는 겨울나무의 친구를 만들어 주어요. 준비해 온 종이에 그림을 그린다. 완성된 그림 친구를 나무에 걸어 준다. (3) '겨울 눈'을 관찰해요. 나뭇가지 끝에 있는 다양한 겨울 눈을 찾는다. 준비해 온 루페로 겨울 눈을 관찰한다. 나무에 고마움을 표시하고, 하나를 떼어 반으로 잘라 관찰한다. (4) 낙엽 썰매를 타요. 낙엽들을 모아 길을 만든다. 상자, 비닐을 깔고 앉은 후 썰매를 즐긴다. (5) 나무의 소리를 들어요. 비가 내린 후 비가 나무를 타고 올라가는 물소리를 경험한다.

마무리	· 숲에서 보았던 자연에 대해 이야기를 나눈다. 　자연에서 무엇을 보았나요? 　어떤 놀이를 즐겼지요? * 자연 속에서 정해진 규칙이 아닌, 자신만의 놀이 방법을 찾는다. 자연과 교감하며 　자연은 아이들에게 가장 훌륭한 놀이 친구임을 느낀다.

5살 아이들의 겨울 요약

겨울 숲 이야기

만 3세 구름, 우주반

DESIGNED BY 정신

겨울 숲에 가면?

✓ 숲에 가기 전 겨울 숲은 어떠할지 이야기 나누는 시간을 가짐.

✓ 아이들은 나뭇잎이 거의 떨어져 있을 것이라고 예상함.

✓ 겨울 숲의 자연이 추울 것이라는 의견이 언급됨.

↳　　숲이 자연을 따뜻하게 해주면서,
　　겨울 자연을 활용한 놀이를 즐기기로 함.

나뭇잎이 다 떨어져 있구나!

↳ 다양한 모양과 색깔의 나뭇잎을
모아 나뭇잎 옷과
목걸이, 팔찌를 만들어보아요

↳ 나뭇잎 이불 놀이는 언제나 인기만점!
나뭇잎으로 동물을 만들었던
가을 숲 체험의 추억을 회상하며
대형 나뭇잎 액자도 만들어요

겨울 숲을 만났어요 1

↳ 등산을 하며 열을 내니
춥다고 생각한 겨울 숲에서
포근함을 느낌.

나무에게 주고 싶은 마음을
그림편지에 담아 나무에 걸어주며
따뜻함을 선물함.

겨울 숲을 만났어요 2

나무야
우리가 따뜻하게
해줄게!

청진기를 이용하여
전 날 온 비가 나무를 타고
올라가는 삼투압 현상도
알아보아요

봄에 꽃과 새싹이 나올 수
있도록 겨울 내내 보호하는
겨울눈을 탐색해보아요

나뭇잎 위에서 ↳
썰매를 타다니!
나무가 우리에게도
따뜻한 놀이를
선물해주어요

사후평가

✳ 겨울이니 나뭇잎이 다 떨어져 있을 것이란 아이들의 예상에 맞게
   나뭇잎을 활용한 놀이가 이루어짐.

✳ 등산을 통해 몸에 열이 많아지며 추울 것이라고 생각한 숲에서
   포근함을 느낄 수 있었음.

✳ 아이들은 나무에게 따뜻한 마음을 선물해주고,
   나무는 아이들에게 몸으로 하는 놀이를 선물함.

6살 아이들이 숲에서 만난 겨울

숲속에 들어선 아이들은 계절마다 나타나는 색의 변화와 돌멩이의 모양, 나뭇잎의 색이 변화된 것도 발견한다.

봄의 숲, 여름 숲, 가을 숲, 겨울 숲을 함께 지내며 만나게 되는 다양한 동식물, 자연물과 대화하고 소통하며 그들의 친구가 된다.

교실에서의 놀이가 숲으로 확장되다

에너지와 환경 보호를 주제로 놀이하고 있는 아이들.

숲에서 어떤 놀이를 할지 교사와 함께 의논한다.

"에너지를 만드는 건 어때요?"

"에너지 모양을 만들자고?"

그렇게 해서 시작된 에너지 모양 만들기.

넓고 넓은 광목천 위에 에너지 모양을 그려 달라고 요청한다.

"에너지 모양은 무슨 모양일까?"

"음… 번개 모양이요!"

번개 그림을 광목천 위에 그려 넣는다.

광목천 위에 그려진 번개 모양의 그림을 낙엽으로 색칠해 가는 아이들.

"여기는 주황색 색깔 나뭇잎으로 채우자!"

"여기는 그럼 갈색?"

그때 한 아이가 의아한 표정을 짓는다.

"어, 근데 나뭇잎 모양이 다 달라!"

"그러게! 나뭇잎 모양이 다 다르네."

하얀 종이와 연필을 건네며 탁본하는 방법에 대해 이야기하자, 너도나도 할 것 없이 교사에게 달려들어 종이와 연필을 챙기는 모습이다.

낙엽 꽃다발

호기심 가득한 눈빛으로 많은 낙엽을 수집해 교실로 돌아온다.

낙엽을 둥그런 모양으로 나열한 뒤, "이건 꽃이야." 하며 까르르 소리 내어 웃는다.

"손잡이를 만들고 싶은데…. 선생님! 손잡이 어떻게 만들어요?"

"흠, 어떻게 하면 좋을까?"

교실 미술 재료함을 뚫어져라 바라보던 중, 풍선 컵 스틱을 발견한다.

받침대 위에 양면테이프를 붙이고 그 위에 낙엽을 꽃 모양으로 붙이니 각기 다른 모양과 색을 가진 낙엽 꽃다발이 완성된다.

겨울에 춥지 않은 곳, 숲

영상 4도.

'날이 추운데 숲에 갈 수 있을까? 아이들 감기 걸리면 어쩌지….'

이번 숲 탐방은 걱정부터 앞섰다.

가파른 경사가 있는 봉제산, 생각지도 못한 등산 아닌 등산을 시작한다.

위를 올려다보며 교사와 친구들을 따라 산 정상으로 오른다.

산 정상에 오르고 교사가 아이들의 건강을 체크한다.

"애들아, 혹시나 추우면 얘기해~"

그때, "선생님! 하나도 안 추워요."

"나는 패딩 입었는데도 안 추워,"라고 이야기한다.

등산을 하면서 오른 열기에 추위가 무서워 도망을 간 것이다.

겨울에는 역시 썰매를 타야지!

가파른 경사를 보자, 바로 썰매를 떠올리는 아이들이다.

"선생님, 여기서 썰매 타고 싶어요!"

김장 매트를 꺼내 그 위에 앉아 썰매를 탄다.

"으악! 엉덩이가 너무 아파."

곳곳에 숨어 있는 돌멩이가 우리의 엉덩이를 콕콕 찌른다.

"썰매를 좀 더 푹신하게 만들면 좋을 텐데!"

"낙엽은 어때?"

곧장 낙엽으로 김장 매트 안을 채운 다음, 반으로 접어 낙엽이 쿠션 솜 같은 역할을 한다.

외마디 비명과 함께 미소를 머금고 썰매를 탄다.

"여기 썰매장 나중에 또 오자고 해야지!"

아이들의 뜨거운 열정과 열기로 춥디추운 겨울 안에서 숲은 따뜻하다.

카메라로 겨울의 모습을 직접 담아 보았어요

경사가 높은 산의 정상에 오른다.
"여기서 눈 올 때 썰매 타면 재미있겠다~"라고 스치듯 이야기한다.
"눈이 안 내려도 썰매 탈 수 있는 방법이 없을까?"라고 이야기하며
잠시 고민한다.

김장 매트를 꺼내 들어 썰매를 어떻게 타면 좋을지 다 함께 궁리한다.
'낙엽이 많긴 하지만 돌멩이도 많아서 엉덩이가 아플 텐데…'
고민하던 찰나, 한 유아가 김장 매트 앞에서 넘어지면서 김장 매트 안이
낙엽으로 뒤덮인다.

"그래! 이 방법이야!"
"빨리 낙엽을 모아야 해! 최대한 많이!"
너도나도 다 함께 주변에 있던 낙엽을 쓸어 모아 김장 매트 안에 넣는다.
그 많던 낙엽을 모으고 모아 돌멩이로부터 엉덩이를 보호하는
매개체로 활용한다.

"셋, 둘, 하나, 출발!"
고사리 같은 손으로 김장 매트를 꼭 쥐어 잡고 미소를 머금은 채
드디어 낙엽 썰매가 출발한다.
두 명씩 짝을 지어 썰매에 탑승하고, 헤아릴 수 없이 많은 낙엽에
의지해 몸을 맡긴다.

산에 오르는 아이들은 매번 신이 나 있다.

자연과 함께 시작하는 하루가 너무 즐겁고 행복한 일상이기 때문이다.

날씨가 덥든 춥든, 아이들은 자연과 놀고 싶어 한다.

처음에 '추울까? 꽁꽁 언 길에 아이들이 넘어지지 않을까?' 걱정부터 앞섰다.

괜한 걱정이었다.

자연, 그리고 숲은 아이들의 놀이터다.

숲에서의 모든 날이 아이들의 즐거움과 행복으로 열매를 맺어 가고 있는 것이다.

숲에서의 아이들

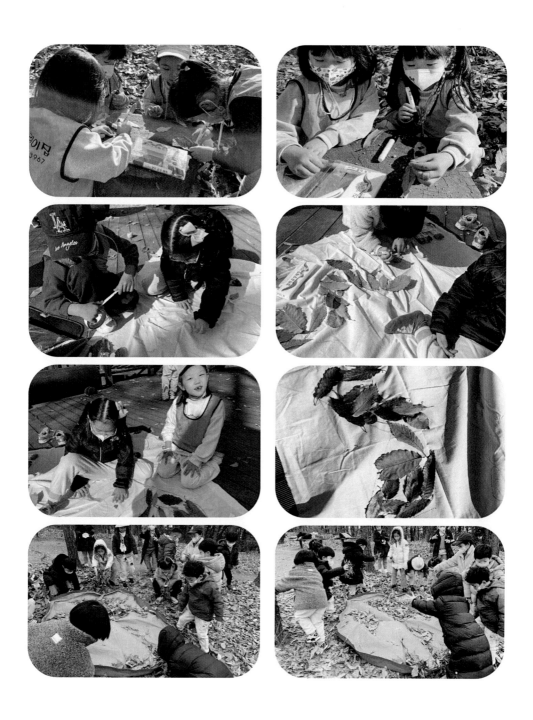

강서구 꼬마 탐험가들의 숲 이야기

따뜻한 숲

활동 목표

- 겨울에도 숲에서 자연과 함께하는 방법을 안다.

활동 장소: 부천생태공원, 봉제산

준비물: 구급약품, 물티슈, 유아용 카메라

개요	활동 과정
도입	· 인사 나누기 　겨울 숲과 만나기 * 식물, 생물 등 주변 자연환경에 고마운 마음을 표현한다.
전개	· 주변 자연물을 탐색한다. 　주변에 있는 낙엽 등 자연물과 주변 환경에 관심을 보인다. · 자연물로 놀이한다. 　여러 가지 자연물로 놀이할 수 있는 방법을 탐색하고 시도한다. * 규격화된 놀잇감이 아닌 자연물을 활용해 다양한 경험을 한다.
마무리	· 오늘 활동한 것을 회상하며 마무리한다. * 자연물이 주는 즐거움에 대해 이야기 나누고, 놀이에서 더 필요한 자원에 대해 상호 작용 한다.

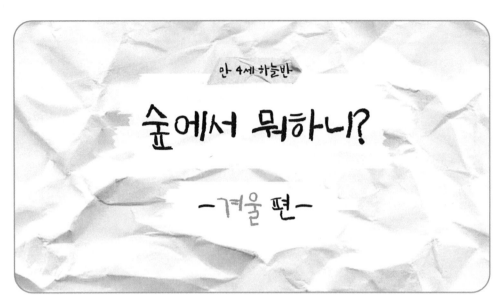

만 4세 하늘반

숲에서 뭐하니?

-겨울 편-

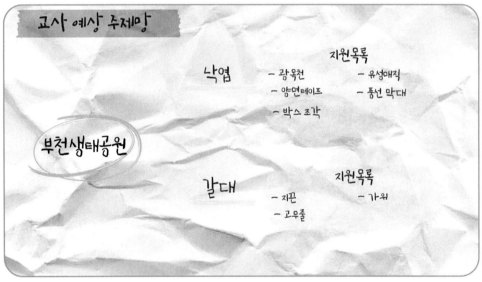

교사 예상 주제망

낙엽
- 광목천
- 양면테이프
- 박스 조각

지원목록
- 유성매직
- 풍선 막대

부천생태공원

갈대
- 지끈
- 고무줄

지원목록
- 가위

놀이의 발현

> 에너지 모양 만들려면 낙엽이 많이 필요하겠다!

> 광목천 위에 낙엽을 붙이자!

> 낙엽 꽃다발을 만들거에~

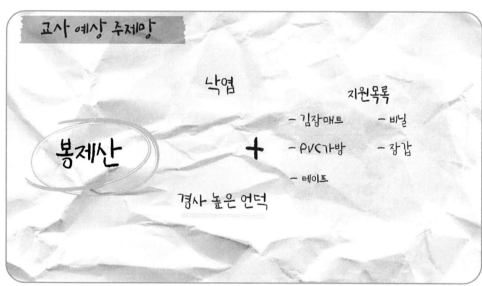

교사 예상 주제망

낙엽

봉제산

+

경사 높은 언덕

지원목록

- 김장매트
- 비닐
- PVC가방
- 장갑
- 테이프

놀이의 발현

낙엽 썰매 완성!!

다람쥐가 먹으려고 모아서 숨겨놨나봐!

낙엽을 넣어서 쿠션처럼 폭신하게!

사후평가

1 사전답사를 바탕으로 숲의 자연에 대해 아이디어를 얻고, 아이들과 어떤 놀이를 하면 좋을지 미리 이야기를 나눈 후에 다녀와 아이들이 더욱 적극적이고 즐거워하였음.

2 나무 줄기가 두껍고 많은 숲에서는 지끈 외에도 두꺼운 끈을 구비해 챙겨가는 것도 좋을 것 같음.

3 놀이 주제와도 관련있게 놀이하는 모습을 보고, 교실에서의 놀이가 숲에서의 놀이로 확장이 이루어지는 것을 알 수 있었음.

7살 아이들이 숲에서 만난 겨울

"겨울 산은 어떤 모습일까요?"
선생님의 물음에 손을 번쩍이며 이야기하는 친구들 반, 고개를 갸우뚱하는 친구들 반.

"겨울에는요, 눈썰매를 타요."
"깍정이를 찾아요!"
"밤송이 창고 놀이 해요!"
"겨울에는 뭐 하고 놀 수 있어요?"

오늘 어린이집 오는 길은 매서운 바람이 불었다.
오늘 추운 날씨 때문일까?
아이들은 산속에서 추운 날, 무엇을 하며 놀이할지를 고민하는 모습이다.

다른 체험 때보다 교사가 준비해야 하는 준비물이 많지는 않을까, 아이들이 가서 어떤
놀이를 발견할지, 어떤 지원들이 필요할지 알 수 없으니 지난가을 숲 놀이에서 힌트를 얻
어 보기로 한다.

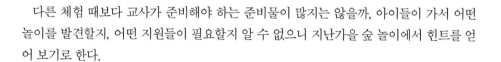

"선생님, 도로에 있는 나무에 천이 둘러져 있어요."
아! 아이들의 바라보는 시선은 우리 주변의 흔한 일상이 특별한 소재가 된다.
겨울나기를 준비하는 거리의 나무들.
가을 숲에서 알아본 때죽나무 찾기를 연결 지어 보자.

여느 때와 같이 산에 간다면 우리 아이들은 놀이를 찾아낼 것이라는 기대 속에 숲 체험
을 떠난다.
하나, 둘! 하나, 둘!
등산 먼저 시작해 보자. 우리 몸의 체온을 올려 보자!
"선생님, 우리 정상까지 올라가요?"
"선생님, 우리가 1등으로 올라가요!"

주위를 둘러보니 나뭇잎은 산을 덮고 있고 나무들은 앙상한 가지의 모습으로 메워져

있다.

　아이들도 낙엽 위에 털썩 주저앉아 보거나, 낙엽을 잔뜩 모아 낙엽 침대를 만들기 시작한다. 낙엽을 보자마자 놀이가 떠올랐나 보다.

　낙엽은 왜 낙엽일까?
　선생님의 물음에 지식을 대방출하기 시작한다.
　"낙엽은 물기가 빠지고 나뭇가지에 매달려 있다가 떨어져요."

　"이 낙엽은 어디에서 떨어졌을까?"
　선생님의 대답에 주위를 둘러본다.
　"음… 이거요! 이 나무 같아요!"
　가장 가까운 근처에 있는 나무를 가리키는 아이.
　"아니야! 이 나뭇잎은 저쪽에 많아. 저 나무야."
　다른 의견이 나왔다.
　저쪽을 가리키며 이 낙엽의 주인은 다른 나무라고 말한다.

　나무를 알면 낙엽의 모양을 알 것이고, 낙엽을 알면 어떤 나무의 나뭇잎이었는지를 알 수 있겠지.

　지난가을, 숲에서 때죽나무를 찾았던 경험을 이야기하며 탁본 놀이를 제안해 본다.
　"탁본이 뭐예요?"
　"선생님, 이 나무껍질은 부드러워요."
　"이 나무의 껍질은 거칠어."

　이제 보니 나무는 다 같은 나무가 아니었다.
　나무의 겉껍질을 비교해 보니 저마다 다른 나무들이 옹기종기 모여 있다.
　마치 우리 반 아이들처럼.

　"얘들아! 여기 봐! 내가 색칠했어."
　"나는 이렇게 했어!"
　탁본의 결과를 서로 나누어 본다.

　이제 이름을 찾아볼 차례!
　나뭇잎이었던 낙엽과 나무껍질을 비교해 본다.

"상수리나무. 아, 이 나무의 이름은 상수리나무예요."

여기저기 나무의 껍질을 탁본하며 나무의 이름을 찾는다.

한 아름 모아 둔 낙엽 위로 뛰어 눕고 낙엽을 날린다.
촉촉하기까지 한 낙엽. 겨울에는 눈썰매를 탄다는 아이들의 이야기가 실현될 재료다.
EVA 판에 밧줄을 매달고 바닥에 놓아 끌어 본다.

"으아~! 낙엽 썰매다."

앙상한 나무들 아래 차가운 흙 땅을 살포시 덮은 낙엽들.
어찌나 포근한지 낙엽이 촉촉하다.
눈이 내리지 않는 날이지만 낙엽은 눈이 되고, 낙엽이 쌓인 비탈길은 눈 덮인 언덕이 되
었다.
어느 때보다 낙엽이 많은 산은 신나는 신체 놀이 공간이 되어 즐거운 낙엽 썰매장이다.
입장료도 무료인 자연 썰매장은 하하호호 웃음이 끊이질 않는다.

카메라로 겨울의 모습을 직접 담아 보았어요

찰흙 같은 나무껍질

겉에서 보기엔 말라 일어난 것처럼 보이는 나무껍질이다. 가까이 다가가
만져 보니, 무척 단단하다. 손끝에 느껴지는 나무껍질의 느낌이 마음에
들었는지 카메라에 담아 본다. 다 똑같아 보이던 나무가 나무껍질을 비교해 보니
다른 나무들임을 안다. 종이와 색연필을 꺼내고 탁본을 시작한다.
슥슥슥, 나무껍질의 표면이 나타나니 다른 나무의 껍질을 찾아 나선다.

낙엽이 된 나뭇잎

나뭇잎들이 가득한 곳에 올라가 뛰어 보고 밟아 본다. 푸릇했던
나뭇잎들은 마른 낙엽이 되어 흙 위를 살포시 덮고 있다.
낙엽의 모양도 다르다. 길쭉한 것, 부채 모양 같은 것, 갈퀴 모양이
나 있는 것 등 구멍이 숭숭 난 낙엽들을 카메라에 담아 본다.
낙엽을 들어 보니 촉촉하다. 분명 마른 낙엽들인데 촉촉함이 느껴진다.
왜일까?

산도 겨울잠을 자요

이불이 되어 주는 낙엽, 겨울의 산 풍경은 앙상한 나뭇가지들이 흔들리는
나무들과 온 산을 덮고 있는 마른 낙엽들이다. 낙엽들은 눈처럼 소복이
흙 위에 덮여 있고, 흙은 낙엽 덕분에 따뜻한 겨울을 보내고 있다.
바람은 쌩쌩 불고 기온이 낮은 겨울이지만, 산의 흙은 낙엽 덕분에
따스하다. 그 사이로 촉촉한 물기가 생겼다.
겨울 산은 낙엽 덕분에 든든하겠다.

교사 tip

지난 흥미 요소에 지식을 더해요. 사계절의 숲 놀이를 되돌아봐요.
무엇을 발견했고, 놀이로 발현하고 즐거워하였나요?
계절을 연결 지어 본다면 아이들에게 어떤 지식을 더 해 줄 수 있을까요?

산을 이루는 여러 환경 중 '나무'를 빼놓을 수 없어요.

나뭇잎 놀이도 열매 놀이도 가능했던 나무들은 겨울이 되면 다음 봄을 준비하지요.

낙엽과 나무의 껍질을 비교하면 나무의 이름을 찾을 수 있고, 산속에는 튼튼한 나무 친구들이 다양하다는 것을 연결 지을 수 있지요.

아이들의 관심을 따라 지식을 더하는 방법은 숲 체험을 더욱 유익하게 만듭니다.

호기심을 유발하는 겨울놀이

활동 목표

- 숲의 사계절을 비교하여 겨울 산의 특징을 발견할 수 있도록 돕는다.
- 숲의 다양한 자원을 활용하여 창의적인 놀이를 만드는 기회를 제공한다.
- 유아의 시선에서 놀이 소재를 발견하고 유희하는 시간이 되도록 지원한다.

활동 장소: 봉제산

준비물: 종이, 색연필, 고무줄, 빵 끈, 아크릴 사인펜, EVA 판 등

개요	활동 과정
도입	· 인사 나누기 　안녕! 겨울아, 반가워! 너의 모습은 어때? * 겨울을 나타내는 주변 환경에 관심을 가지도록 한다.
전개	· 유아가 계획한 활동을 자유롭게 실행한다. 　자연물을 활용하여 놀이를 구성한다. * 지난 흥미를 반영한 놀이를 제안해 보고 유아들의 창의적 놀이를 지지하고 격려한다.
마무리	· 지구반의 겨울 숲의 놀이에 대해 이야기를 나눈다. 　숲의 모습은 어떠했을까? 다른 계절과 다른 오늘의 숲을 표현하자면? * 숲의 변화된 모습에 관한 이야기를 나눔으로써 자연환경의 변화를 발견하고 이해하 　도록 돕는다.

7살 아이들의 겨울 요약

겨울을 어떻게 즐겨볼까?

봉제산으로 향한 지구반의 겨울

관심사 - 겨울에 뭐 할 수 있어요?

길거리에 나무들한테 돌돌
짚을 감싸놨어요.

나무들도 쉬는거 아니에요?

12월 봉제산 - 겨울놀이 찾기

산 속의 나무들도 옷을 입었을까?
〉 '나무'와 관련된 최소한의 지원 - '탁본놀이'

아무것도 없어요
이 나무는 어떤 잎이 있었어요?
산에 있는 나무들은 옷을 안 입었어요.

12월 봉제산 - 나무이름을 찾는 방법

나무 마다 다른 결 무늬를 찾자

탁본을 하면 어떤 나무인지 알 수 있을까?

12월 봉제산 - 나무이름을 찾는 방법

잎이 없지만 어떤 나무인지를 알 수 있었던 놀이

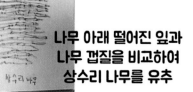

나무 아래 떨어진 잎과
나무 껍질을 비교하여
상수리 나무를 유추

12월 봉제산 - 나무이름을 찾는 방법

기억에 남는 대화

- 하산하는 중

왜 이 산에 나무는 옷을 안 입었어요? (채희)

그러게, 길거리에 있는 나무는 입었던데
산에 있는 나무는 왜 안입었댜~ (선생님)

나무들이 모여 있으니까 안추워서 그런가봐요 (다인)

우리도 오늘 안추웠어요 (채희)

 만 5세 지구반 숲 이야기

12월 봉제산 - 나무이름을 찾는 방법

겨울에도 숲에서 놀이가 가능할까?
의문을 해결한 겨울 숲 체험

1. 의문을 가지고

2. 숲 속 나무들을 탐색하여 의문을 해결

3. 숲을 매개로 자연에 관한 지식을 넓혀감

4. 봄~겨울 모두 숲은 재미있는 공간

준비 과정 하나

교수 과정 협의회

숲을 찾기 전, 미리 답사를 통해 숲의 환경적 요소들을 교사들과 공유하여 어린이들이 관심 있는 부분에 대해 심층적으로 자세히 조사하고, 그에 필요한 부분을 미리 준비할 수 있도록 교사들이 모여 이야기하는 시간을 가진다.

레지오 교수 방법을 통한 생태 학습 프로젝트를 시작하기 전, 레지오 에밀리아 유아교육에 대해 알아보고, 우리가 현장에서 아이들의 수많은 언어를 어떻게 기록하고 그 부분을 기억해 놀이 지원을 해 줄 것인지, 교사들과 협동 교수 협의회 시간을 가져 보았다.

아이들의 이야기를 기록하기에 앞서 그 부분을 이해해 줄 수 있는 능력은 무엇인지, 교사의 어떤 자세가 필요한지 알아보는 시간을 가져 보았다.

첫째, 아이들의 감정이나 상황을 공감하여 그들의 경험을 이해하려고 노력하는 것이 중요하다.
교사가 아이와 같은 상황에 처한 것처럼 아이들의 감정을 받아들이고 이해할 수 있는 능력을 갖추는 것이다.

둘째, 아이들의 생각과 가치를 존중하며 서로 다른 관점을 이해하고 받아들이는 능력을 겸비해 아이들이 상대방을 존중하는 마음가짐을 갖도록 도와줄 수 있어야 한다.

강서구 꼬마 탐험가들의 숲 이야기

셋째, 아이들이 숲에서 상대방의 입장이나 상황을 고려하여 행동하고 대화할 수 있도록 배려심을 길러 줄 수 있으며, 유아의 필요한 것과 원하는 것을 고려하는 마음 가짐을 가져야 한다.

넷째, 유아들 간의 소통을 통해 서로의 생각과 감정을 공유하는 것도 이해를 도울 수 있다. 열린 마음과 귀 기울임으로 유아들의 이야기를 듣고 이해하려고 노력하는 것이 중요하다.

강서구 꼬마 탐험가들의 숲 이야기

이러한 마음가짐과 노력을 통해 유아들을 이해해 줄 수 있지만 모든 상황에서 모든 유아를 완벽하게 이해할 수 있는 것은 아니므로 또래들 간의 차이와 한계를 이해하고 인내심을 갖는 것도 중요하다.

교수 협의회를 통해 교사들이 사려 깊게 탐구하고 많은 가설을 가지고 숲에서 아이들을 만나야 하므로 사전 교수 협의회를 통해 아이들에게 일어날 수 있는 여러 가지 상황에 적절한 지원을 적시에 지원할 수 있도록 전문적인 교수 학습을 위해 아이디어를 모으고 나누는 시간이 필요하다.

신원 선생님들이 늘 아이들을 위해 연구하며 각자의 다양한 관점을 모아 더 나은 합의가 도출되도록 노력하는 면모는 가히 자랑할 만하다.

준비 과정 둘

교사 숲 장학 연수(전문성 개발을 위한 시간)

유아들의 놀이가 가장 잘 실현될 수 있는 곳, 유아교육의 대안인 숲 교육이 아닌가 싶다.

자발성과 창의성, 문제 해결 능력을 키워 주는 발현적 교육이 이루어지는 숲에서의 활동 중 가장 큰 역할은 교사들의 사전 계획과 아이들의 이야기를 귀 기울여 주면서 아이들의 생각을 얼마나 이끌어 내는가에 따라 숲이 교과서가 되고, 놀이 그 자체가 배움이 되는 것 같다.

신원 교사들은 자체 장학 연수로 각 연령별 숲 이야기를 기록하여 다음 숲 활동을 준비한다.

자체 장학 연수는 각 연령별 아동들이 의미 있는 경험을 창출해 낼 수 있도록 역동적인 교사로서의 전문성 발달을 위한 시간으로, 교사의 역할을 재정비하는 시간을 갖는 데에 도움을 줄 수 있다.

또한 아이들이 바라보는 숲의 모습을 직접 카메라로 담아 교실에 전시하여 아이들이 느끼는 숲을 공유하는 시간을 가져 다음 숲을 아이들이 직접 준비할 수 있는 계기를 만들어 교사들과 사례를 공유하는 것 또한 장학 연수에 빠질 수 없는 중요한 사안이다.

아이들의 경험한 것들을 기록하여 그 기록을 바탕으로 서로가 피드백을 받아 가면서 다음 숲을 준비하는 모습 속에 우리만의 레지오 에밀리아 교육 철학을 엿볼 수 있는 것 같다.

교사 장학 연수를 통해 무엇을 얻고 교육에 접목할 것인가?

첫째, 연령별 교사들의 팀 계획 및 수립이 잘되었는가.

둘째, 연령별 교사들의 동료 코칭이 얼마나 잘 적용되었는가.

셋째, 연령별 활동 내용을 교사들 간의 토론을 통해 발표 자료는 잘 정리되었는가.

넷째, 연령별 아이들이 느끼는 숲은 어떻게 공유할 것인가.

이를 통해 함께 놀고, 서로 질문하며, 자연을 느끼고, 아이들 생각에 자연을 담아 줄 수 있어야 한다. 숲과 함께 자라는 아이가 될 수 있도록 교육과 관련된 이들이 아이들이 자연의 소중함을 읽고, 오감을 통해 생명들을 보고, 자연의 소리를 들으며, 만지고, 흙을 밟아 보기도 하고 걸으며, 자연의 향기를 맡을 수 있는 기회를 제공해 주어야 한다.

교사 간의 토론의 시간

　이탈리아의 레지오 에밀리아 시가 운영하는 유아교육 프로그램은 전 세계에서 가장 훌륭한 교육 시스템 중 하나로 인정받고 있다. 올해 교사 장학 연수에 앞서, 레지오에서 교사는 어떻게 어린이들이 하는 이야기에 귀 기울이고, 어린이들이 주도권을 갖도록 하고 건설적인 방법으로 안내하는지 다시 한번 알아보고, "무엇을 가르치고 배울 것인가?"에 대한 질문으로 교사 간의 토론 시간을 가져 보았다.

　교사들은 올해 숲에서는 아이들의 이야기를 많이 끌어내어 그 기록을 바탕으로 숲 활동을 전개해 나가자고 했다. 그러기 위해 아이들의 이야기를 다 기록하지는 못하지만, 각자의 메모장에 주요 단어를 적어 원에 돌아와 그 단어로 이야기를 기억해 기록하기로 했다.

에필로그

4살 교사 윤혜수

숲을 접하기 전에는 '놀이터처럼 놀이기구가 없는 곳에서 무엇을 하면 좋을까? 아이들이 즐기며 놀이를 할 수 있을까?' 하는 생각을 했었다.

숲을 통해 아이들과 함께 경험하며 놀이기구 없이 다양한 자연물에 흥미를 가지고, 움직이는 곤충 하나에도 옹기종기 모여 앉아 관찰하고 즐기는 모습이 보였다. 매달 숲을 체험하며 숲에서 자유롭게 뛰어놀고, 자연스럽게 자연물을 채집하고, 숲을 즐기고 있는 모습을 보며 자연을 즐기고 있는 아이들의 모습을 볼 수 있었다.

4살 교사 우찬미

아이들이 숲을 접하기 전에는 자연물들을 만지지 않고 눈으로만 보며 탐색하는 모습이 보였다.

점점 숲에 다녀오고 다양한 체험을 할수록, 자연물들을 적극적으로 만지고 곤충들에게도 호기심을 가지는 모습을 볼 수 있었다.

아이들에게 자연과의 좋은 추억을 만들어 준 것 같아 뜻깊은 시간이었다.

4살 교사 김예람

아이들이 숲에서 자연물을 관찰하고 직접 만지며 탐색하는 과정에서 주변에서 쉽게 볼 수 있는 자연물을 이용해 놀이를 시작하게 되었고, 작은 곤충과 식물에도 관심을 보이고, 아껴 주며, 자연을 사랑하는 마음을 가지게 될 수 있었다.

사계절 변해 가는 숲의 풍경을 보며 계절의 특징을 알 수 있었고, 지난번과는 다른 자연물들을 기대하는 모습의 아이들이었다.

4살 교사 이유경

숲이라는 장소를 잘 모르던 아이들이 새로운 숲을 흥미롭게 관찰하고, 숲에서 보았던 식물들, 곤충들에 대해 이야기하면서 친숙해져 가는 모습이었다.

숲 안에서 아이들이 만들어 가는 놀이를 관찰하며 작은 자연물로도 여러 가지 놀이가 이루어지는 모습을 볼 수 있었다.

5살 교사 박우정

나는 숲이 단순히 나무와 흙이 많다는 생각만 하고 지냈다. 하지만 아이들과 함께한 숲에서는 정말 황홀한 감정을 느낄 수 있었다.

산에 올라가 맑은 공기를 마시고, 여러 자연물로 놀이할 생각에 교사도, 아이도, 들뜬 마음을 가지고 숲에 가까워질 수 있었다.

어린이집이나 가정에는 수많은 놀잇감, 많은 자료들이 있지만, 숲에서 배울 수 있는 건 어디를 가도 같을 수 없음을 다시 한번 깨닫는다.

많은 경험이 되는 숲을 아이들에게 더욱 다양하게, 다채롭게 보여 줄 수 있도록 경험을 제공하는 교사가 되어야겠다.

자라는 아이들이 자연에 더욱 가깝게 다가갔다.

5살 교사 조영은

4월, 아이들과 처음 숲 체험을 계획할 때 느꼈던 그 설렘을 잊을 수가 없다. 코로나19로 닫혀 있던 바깥 활동이 점차 넓어짐에 다양한 외부 활동을 하였지만, 산에 올라간다는 것은 또 다른 설렘이었다.

같은 계절 속에서도 한 달, 한 달 달라지는 산의 느낌, 풍경, 자연물 그 모든 것은 아이들에게도 교사에게도 큰 선물로 다가오는 느낌이었다.

숲 체험을 가기 전, 교사가 일부 계획을 하기도 하지만, 산에 도착해서 바라보는 아이들의 시선에 다시 한번 감탄하기도 한다.

아이들의 시선에서 달라지기도 하는 모습을 바라보며 무궁무진한 숲과 아이들이 만나 놀이할 때, 아이들은 숲을 통해 교사는 그런 아이들을 통해 큰 배움을 알아 가는 시간이었다.

강서구 꼬마 탐험가들의 숲 이야기

6살 교사 박주원

처음 숲을 접했을 때는 매우 넓고 장황한 곳이라 생각했다. '이곳에서 무엇을 해야 하지? 어떤 놀이를 해야 재미있을까?' 고민은 걱정을 낳고, 그 걱정은 근심이 되었다.

숲을 접한 후, 내가 가지고 있던 근심이 언제 있었냐는 듯 나도 모르게 사라졌다. 단지 숲에 떨어진 마른 낙엽, 처음 보는 나무나 꽃을 만날 때도 아이들의 얼굴에 웃음꽃이 핀다.

숲이 곧 놀이였던 것이다.

아이들이 보고 만지고 원하는 것은 모두 놀이가 된다는 것을 알게 되었다. 숲은 교실을 넘나들며 사계절을 중심으로 유아 중심에서 발현되는 놀이가 활발하게 이루어질 수 있는 곳임을 깨닫게 되었다.

7살 교사 김주옥

코로나19로 아동들의 외부 체험 활동에 제약이 있었던 3년.

짧다면 짧은 기간이지만 아이들과 함께 지내는 기관에서는 꽤 긴 시간이었다. 특히 생태 환경과 관련된 체험 활동의 부재는 아이들이 숲을 통해 경험할 수 있는 모든 것들이 일시 중지 된다는 것에 교사로서 안타까움이 컸다.

체험 활동이 재개되기, 전 교사 자신도 '숲' 체험에 관한 답사와 공부를 하고, 아이들이 누릴 환경에 대해서 알아야 했다.

온전히 숲을 느끼게 하겠다는 다짐의 방향은 '아이들이 여기에서 무엇은 만들 수 있을까?', '위험하지 않을까?', '저 높이까지는 무리겠다'라는 생각으로 바뀌었다.

첫 숲 체험에서는 교사가 준비하는 자원들이 탄탄해야 아이들도 즐겁게 놀이할 수 있을 것이다. 예측할 수 없는 공간을 예측이 가능한 공간처럼 여기고 첫 숲 체험을 준비하게 되었다.

사실 이 바탕에는 '오랜만에 생태 체험 활동이 시작되었으니 아이들이 다치면 안 되겠다', '그래도 기관의 활동이라면 결과물은 있어야겠지?', '우리 아이들이 흥미가 적다면 이런 자원을 제공해 봐야겠다'라는 불안감이 있었나 보다.

첫 숲을 시작으로 단번에 성찰한 것은 나의 걱정을 내려 두고, 아이들의 시선을 따라 무엇을 탐구하고자 하는지, 아이들이 숲에서 발견하는 생태를 어떻게 표현하고 있는지, 아이들의 생각과 욕구를 파악함이 중요하단 것을 알게 되었다.

그 후 1년간 숲 체험을 다니며 우리 아이들과 함께 사계절의 아름다움, 숲을 이루는 요소, 아이들의 무궁무진한 창의력, 자연을 대하는 태도 등 교사도 함께 배우고 성장할 수 있던 시간이었다.